Mario Lüddemann

WIE SIE IHR KLEINES KONTO ZU EINEM GROSSEN TRADEN

Mario Lüddemann

WIE SIE IHR KLEINES KONTO ZU EINEM GROSSEN TRADEN

FBV

Bibliografische Information der Deutschen Nationalbibliothek
Die Deutsche Nationalbibliothek verzeichnet diese Publikation in der Deutschen Nationalbibliografie. Detaillierte bibliografische Daten sind im Internet über https://dnb.de abrufbar.

Für Fragen und Anregungen
info@m-vg.de

Wichtiger Hinweis
Ausschließlich zum Zweck der besseren Lesbarkeit wurde auf eine genderspezifische Schreibweise sowie eine Mehrfachbezeichnung verzichtet. Alle personenbezogenen Bezeichnungen sind somit geschlechtsneutral zu verstehen.

Originalausgabe
5. Auflage 2026

Türkenstraße 89
80799 München
Tel.: 089 651285-0

Redaktion: Marion Reuter
Korrektorat: Leonie Zimmermann
Umschlaggestaltung: Verena Frensch
Umschlagabbildung: Shutterstock/Lyudmyla Ishchenko
Satz: ZeroSoft, Timisoara
Druck: Florjancic Tisk d.o.o., Slowenien
Printed in the EU

ISBN Print 978-3-95972-066-3
ISBN E-Book (PDF) 978-3-96092-110-3
ISBN E-Book (EPUB, Mobi) 978-3-96092-111-0

Weitere Informationen zum Verlag finden Sie unter
www.finanzbuchverlag.de
Beachten Sie auch unsere weiteren Verlage unter www.m-vg.de

INHALT

MEIN WEG

Mein eigener Weg an die Börse begann wie der vieler anderer Deutscher. 1996 habe ich die Neuemission der T-Aktie gezeichnet und lag mit der ersten Kursnotierung bereits 30 Prozent im Plus. Super, wenn das Geldverdienen an der Börse so einfach ist, dann mache ich das jetzt auch! Mit dieser positiven Erfahrung blieb ich selbstverständlich dabei. Leider musste ich schon bald erkennen, dass Gewinne genauso schnell dahinschmelzen können, wie sie entstehen. Auch mit dieser Erkenntnis befinde ich mich in guter Gesellschaft der meisten Privatanleger, vor allem am Anfang der Traderkarriere bewegt sich die eigene Performance gegen null oder tendiert sogar in den roten Bereich. Diese Entwicklung gab mir zu denken und ich musste erkennen, dass es an der Börse ähnlich läuft wie in jedem anderen Bereich auch: Keiner kann vom Start weg auf Profiniveau Fußball spielen, kochen oder schreinern. Wie konnte ich auf die Idee kommen, ohne Vorkenntnisse mit Aktien reich zu werden?

Mein weiterer Weg war dann eher dem Zufall geschuldet, aufgrund eines Band scheibenvorfalls fiel ich zeitweise beruflich aus und konnte mich stattdessen mehr aufs Trading konzentrieren – mit Erfolg. Rückwirkend betrachtet weiß ich jedoch, dass der Zeitpunkt günstig war: Der »Neue Markt« strebte nach oben und mein Tradingkonto tat das Gleiche. Nach einigen Monaten kontinuierlicher Gewinne fiel die Entscheidung, meinen bisherigen Job an den Nagel zu hängen und fortan als hauptberuflicher Trader zu arbeiten. In dieser Zeit lief alles noch besser als geplant und in wenigen Jahren konnte ich eine Performance von mehr als 10.000 Prozent erzielen. Dann kam der Zeitraum 2000/2001 und die Aktienkurse fielen weltweit mit dem Platzen der Dotcom-Blase. Auch meine Gewinne begannen zu bröckeln. Der Grund war ganz einfach: Ich war nur gewohnt, auf steigende Aktienkurse zu setzen, und mein damaliger Broker erlaubte nur Long[1]-Trades. Short zu gehen und damit auf Abwärtsbewegungen zu setzen, war zu diesem Zeitpunkt noch keine mögliche Option für mich.

---

[1] Long heißt, einen Wert zu kaufen und auf dessen Anstieg zu setzen, short meint das Gegenteil. Wer short geht, verkauft also mit der Absicht, später billiger zurückzukaufen. Die Möglichkeit dazu bieten nur ausgewählte Broker.

Dank meiner bisher gesammelten Erfahrung und eines konsequenten Risiko- und Money-Managements verlor ich in dieser turbulenten Börsenphase lediglich 15 Prozent meines Tradingkapitals. In dieser Zeit lernte ich, meine Strategie den Märkten anzupassen. Ich wechselte zu einem Broker, der es mir erlaubte, in beide Richtungen zu handeln. Diese Veränderungen führten mich wieder zurück auf die Erfolgsspur. Ich investierte nun auch viel Zeit in die Auswertung meiner Transaktionen, was wiederum zu einer Steigerung meiner Gewinne beitrug. So führte ich über viele Jahre hinweg mehr als 5.000 Trades pro Jahr durch und konnte beständig Renditen von mehr als 20 Prozent erzielen. Aufgrund vieler Fragen von Freunden und Bekannten und weil ich Lust auf Neues hatte, beschloss ich, mein Wissen und meine Erfahrung weiterzugeben. Um das Ganze auf ein solides Fundament zu stellen, absolvierte ich eine Ausbildung zum zertifizierten, lösungsorientierten Coach und systemischen Berater. Heute teilt sich mein Jahr hälftig in mein persönliches Trading – meine Erwerbstätigkeit – und in Seminar- sowie Coachingtage.

Als Tradingcoach geht es mir immer darum, mit Ihnen gemeinsam passende Lösungen für Ihre Tradingprobleme zu finden. Darüber hinaus unterstütze ich Sie bei der Zusammenführung von Theorie und Praxis. Stets heißt das Ziel, Ihre eigene Performance nachhaltig zu steigern. Aus diesem Grund beinhaltet dieses Buch sehr viele Praxisbeispiele und es war für mich selbstverständlich, meine Strategie »live« zu zeigen. So habe ich 5.000 Euro auf ein Konto eingezahlt und innerhalb meiner Webinar-Reihe »Kleines Konto groß traden« damit viereinhalb Monate gehandelt. Das Ergebnis am Ende der Webinar-Reihe lag deutlich über der Performance des Gesamtmarkts. Aufgrund der großen Nachfrage entstand dann auch dieses Buch. Darin möchte ich Ihnen Handelsansätze vermitteln, mit deren Hilfe Sie ein kleines Konto groß traden, Fehler vermeiden und Stolperfallen erkennen. All das soll ohne überflüssiges Fachchinesisch auskommen und Sie benötigen auch kein BWL-Studium, um die erläuterten Zusammenhänge zu verstehen. Wo ein Begriff zu sehr aus dem Börsenjargon stammt, habe ich eine Anmerkung als Fußnote eingefügt. Mein Ziel ist, Anfängern und erfahrenen Tradern den Weg zum Erfolg an der Börse aufzuzeigen. Jeder von Ihnen soll mithilfe des hier vermittelten Wissens seinen eigenen, ganz persönlichen Weg finden. Schließlich besitzen alle Menschen unterschiedliche Persönlichkeiten, und nur wer sich seiner Eigenheiten bewusst ist, kann erfolgreich traden. In diesem Sinne wünsche ich Ihnen eine interessante Lektüre und gute Tradingergebnisse.

KLEINES KONTO GROSS TRADEN

Aus wenig Geld viel machen: Kaum ein Wunsch ist weiter verbreitet in unserer Gesellschaft. Dabei streben die wenigsten Menschen Geld um des Geldes willen an, vielmehr erhoffen sie sich die persönliche Freiheit. Fast jeder möchte den Großteil seines Lebens mit angenehmen Tätigkeiten verbringen. In unserer Gesellschaft hat die persönliche Freiheit jedoch eine Menge mit der finanziellen Unabhängigkeit zu tun. Deshalb verwundert es nicht, dass viele Menschen regelmäßig sparen; meist mit dem Ziel, vom eigenen Vermögen leben zu können. Doch gelingt es den wenigsten, ihre Ersparnisse so weit voranzubringen. Zwar werden aus 5.000 Euro nach 10 Jahren vielleicht 6.000 Euro, große Sprünge sind jedoch auch mit diesem Betrag kaum möglich. So herrscht eine Diskrepanz zwischen vielen hochfahrenden Träumen und der finanziellen Realität. Die Mehrheit der Bevölkerung hierzulande ist nach internationalen Standards eher reich, aber eben nicht finanziell unabhängig. An dieser Situation lässt sich jedoch etwas ändern. Wer 5.000 Euro besitzt – und das werden die meisten Leser –, kann daraus sehr viel mehr Geld machen. Und genau darum geht es in diesem Buch. Ich stelle Strategien und Handelsansätze für die Börse vor, mit denen sich die finanzielle Unabhängigkeit verwirklichen lässt. Der Schlüssel dazu klingt banal: Die Gewinne müssen höher ausfallen als die Verluste. Wie sich dieses Ziel dauerhaft erreichen lässt, erläutere ich in diesem Buch. Wahrscheinlich ist das dazu erforderliche Know-how sogar geringer, als viele von Ihnen gedacht haben. Wenden Sie das Wissen konsequent an, wird die finanzielle Unabhängigkeit für die meisten von Ihnen zu einem realen Ziel.

Bei einem Ausgangsniveau von 5.000 Euro werden Sie es zwar nicht in ein oder zwei Jahren erreichen, eine überschaubare Zeit ist jedoch durchaus realistisch. Wichtig erscheint mir, dass sich alle vorgestellten Strategien berufsbegleitend durchführen lassen und auch für Einsteiger umsetzbar sind. Sie ermöglichen, ein kleines Konto von 5.000 Euro Umfang groß zu traden. Doch was bedeutet groß überhaupt? Es ist schwer, diesen Begriff an einer konkreten Zahl festzumachen, schließlich dürfte jeder Mensch über unterschiedliche Vorstellungen dazu verfügen. Brauchbarer erscheint mir das Konzept der finanziellen Unabhängigkeit, der Trader soll von den Erträgen seines Depots leben können. Jeder kann nun selbst ausrechnen, welcher Betrag zum Leben erforderlich ist. Die Rechnung dahinter ist sehr einfach, und wer eine konkrete Summe ansetzt, erhält anhand von Performance[2] und Kontogröße die Wegmarken seiner Tradingstrategie. Dazu möchte ich wieder mit 5.000 Euro Startkapital beginnen und diesen Betrag mit einem mittleren Einkommen verknüpfen – ein Durchschnittshaushalt dürfte beispielsweise von 40.000 Euro pro Jahr gut leben können. Diese Summe definiere ich als Bedarf und die folgende Tabelle rechnet bei jährlicher Zinsgutschrift und Renditen von 20 sowie 40 Prozent vor, wie der Weg von 5.000 Euro bis hin zur finanziellen Unabhängigkeit aussieht. Die genannten Renditen stehen hier übrigens nicht zufällig, wie Sie im weiteren Verlauf des Buchs sehen werden.

	Performance 20%		**Performance 40%**	
Jahr	**Kontogröße**	**Rendite p.a.**	**Kontogröße**	**Rendite p.a.**
1	5.000,00	1.000,00	5.000,00	2.000,00
2	6.000,00	1.200,00	7.000,00	2.800,00
3	7.200,00	1.440,00	9.800,00	3.920,00
4	8.640,00	1.728,00	13.720,00	5.488,00
5	10.368,00	2.073,60	19.208,00	7.683,20
6	12.441,60	2.488,32	26.891,20	10.756,48
7	14.929,92	2.985,98	37.647,68	15.059,07
8	17.915,90	3.583,18	52.706,75	21.082,70
9	21.499,08	4.299,82	73.789,45	29.515,78
10	25.798,90	5.159,78	103.305,23	**41.322,09**
11	30.958,68	6.191,74	144.627,33	57.850,93
12	37.150,42	7.430,08	202.478,26	80.991,30
13	44.580,50	8.916,10	283.469,56	113.387,82
14	53.496,60	10.699,32	396.857,39	158.742,95
15	64.195,92	12.839,18	555.600,34	222.240,14
16	77.035,11	15.407,02	777.840,48	311.136,19
17	92.442,13	18.488,43	1.088.976,67	435.590,67
18	110.930,56	22.186,11	1.524.567,34	609.826,93
19	133.116,67	26.623,33	2.134.394,27	853.757,71
20	159.740,00	31.948,00	2.988.151,98	1.195.260,79
21	191.688,00	38.337,60	4.183.412,77	1.673.365,11
22	230.025,60	**46.005,12**	5.856.777,88	2.342.711,15

Tabelle 1: Entwicklung des Kontos

[2] Performance im Zusammenhang mit Börse und Finanzen meint das Verhältnis von Ertrag und Risiko. Wie viel Kapital muss eingesetzt werden, um einen bestimmten Gewinn zu erzielen?

Beträgt die jährliche Rendite 20 Prozent, ist das 5.000er-Konto nach 22 Jahren auf eine Größe von über 230.000 Euro angewachsen und bringt damit mehr als 40.000 Euro Rendite pro Jahr – vorausgesetzt, der Inhaber schafft weiterhin einen jährlichen Zuwachs von 20 Prozent. Zur Verdeutlichung: Wer heute 30 ist, sofort mit dem Trading beginnt und 20 Prozent pro Jahr erwirtschaftet, kann seinen regulären Job mit 52 Jahren an den Nagel hängen. Auch der Zustand der Rentensysteme interessiert dann nicht mehr. Noch viel eindrucksvoller sieht die Rechnung bei einer jährlichen Performance von 40 Prozent aus, in diesem Fall braucht es gerade einmal zehn Jahre! Verdeutlichen lässt sich die Wirkung von Zins und Zinseszins vor allem grafisch:

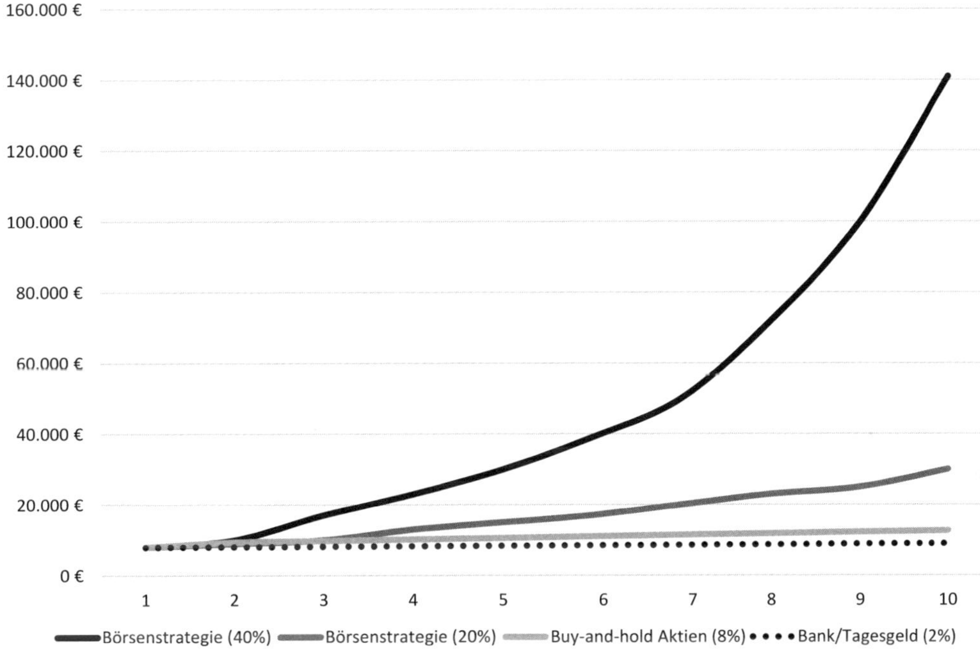

Abbildung 1: Performance unterschiedlicher Anlageformen

Bei allen vier Anlageformen beträgt das Startkapital 5.000 Euro, angelegt wird über zehn Jahre und vor allem die Performance der beiden aktiv verfolgten Börsenstrategien beeindruckt. Selbst wer bereits 50 ist, erhält damit noch eine Alternative zu Job und Rente. Mit nur 5.000 Euro Startkapital lässt sich in überschaubarer Zeit das Ziel der finanziellen Unabhängigkeit erreichen. Dazu braucht es lediglich das Know-how, um dauerhaft hohe Renditen zu erwirtschaften. Und genau das möchte ich mit diesem Buch vermitteln.

Leider ist die dargestellte Rechnung nicht ganz realistisch. Gebühren und auch die Steuer wurden nicht berücksichtigt, weil sie sich nicht pauschal benennen lassen. Viel wichtiger ist jedoch, dass die Tabelle das Muster verdeutlicht, nach dem sich Kontogröße, Rendite und eigene Rahmenbedingungen verbinden lassen. Wer eine solche Rechnung mit den eigenen Daten durchführt, erhält neben einem konkreten Fahrplan auch die Hilfsmittel zur Planung der persönlichen Strategie. Vor deren Hintergrund lässt sich beispielsweise klären, mit welchen Stellschrauben sich die größten Veränderungen erzielen lassen. Vor allem die 40-Prozent-Spalten zeigen die exorbitanten Zuwächse ab einer gewissen Kontogröße. Was in den ersten Jahren schön, aber nicht berauschend erscheinen mag, entpuppt sich nach einiger Zeit als enorme Entwicklung. Das Phänomen des Zinseszinses schlägt zu Buche und verdeutlicht, dass vor allem die Stetigkeit über Jahre oder Jahrzehnte darüber entscheidet, ob man ein großes Konto erwirtschaftet.

Die Strategie aus diesem Buch eignet sich zwar dazu, den eigenen Lebensunterhalt über die Börse zu bestreiten, sie verspricht jedoch keine Wunder. Ganz deutlich möchte ich betonen, dass Sie nicht über Nacht reich werden mit dem einen 10.000-Prozent-Trade. Diesen kann Ihnen die Börse nicht bieten – höchstens in Form eines Glückstreffers. Denn alle Strategien, über die ich gelesen habe und die den schnellen Reichtum versprechen, gleichen dem Lotteriespiel. Selbstverständlich kann man damit Millionär werden, die Wahrscheinlichkeit ist meiner Meinung nach jedoch zu gering, um sie als ernst zu nehmende Strategie zum Börsenerfolg werten zu können. Stattdessen sollten Sie sich an den Zeiträumen aus der Tabelle orientieren sowie stetige und vor allem reproduzierbare Erfolge anstreben. Diese haben wenig mit Glück zu tun und sehr viel mit Statistik. So geht es mir nicht um den Supertreffer, sondern um das Verhältnis von begrenzten Verlusten und realistischen Gewinnchancen. Ist Ihnen dieser Zusammenhang stets präsent, können Sie kontinuierlich nach Chancen suchen und diese gezielt ergreifen. Er sollte Sie außerdem zum Dabeibleiben ermutigen, wenn es mal weniger gut läuft. Jede Statistik kennt Ausreißer und auch im Trading wird es immer wieder zu Verlusten kommen. Wer sich dessen bewusst ist, macht sich das Gesetz der großen Zahl zunutze. Je mehr Trades er eingeht, desto stärker nähert er sich dem statistischen Mittel an.

Darüber hinaus verdeutlicht die Tabelle, welche unterschiedlichen Herausforderungen sich einerseits für die Eigentümer großer und andererseits für diejenigen kleiner Konten ergeben. So ist es relativ einfach, mit einem großen Depot an der Börse zu handeln – und zwar nicht, weil man mit viel Geld auch viel bewegen kann. Im Gegenteil, der Hauptgrund heißt Risiko. Wer eine Million in seinem

Depot hat, kann ganz entspannt nur ein Promille davon riskieren. Er erzielt mit der richtigen Strategie und ganz wenigen Transaktionen sehr sicher einige 10.000 Euro pro Jahr. Damit ist die finanzielle Unabhängigkeit dauerhaft gesichert und es besteht kaum Gefahr, das Vermögen zu verlieren. Auch aus diesem Grund setzen reiche Menschen häufig auf defensive Strategien, sie haben eine hohe Performance schlicht nicht nötig. Trotzdem wächst ihr Vermögen stetig. Wer dagegen nur 5.000 Euro besitzt, muss deutlich offensiver agieren, um aus seinem kleinen Konto möglichst schnell ein großes zu machen. Es genügt nicht, nur einige Promille zu riskieren. Stattdessen arbeiten viele Trader mit ihrem gesamten Konto und gehen damit deutlich höhere Risiken ein. So kommt es zu fatalen Konsequenzen: Im Bestreben, das Geld schnell zu vermehren, werden komplette Depots durch riskante Aktionen in wenigen Monaten vernichtet. Diese Gefahr steigt sogar noch, wenn Hebelprodukte ins Spiel kommen, etwa Optionsscheine oder Ähnliches. Schnell reich werden zu wollen führt oftmals zum Gegenteil.

In diese Falle sollen Sie jedoch nicht tappen und mein Ansatz zielt darauf ab, Risiken zu minimieren. Um ein kleines Konto trotzdem in überschaubarer Zeit groß zu traden, setze ich auf ein günstiges Risiko-Gewinn-Verhältnis. Mit geringem Risiko sollen möglichst große Gewinne entstehen. Diese Bedingung lässt sich sogar relativ leicht erfüllen, wenn Sie mit eindeutig geregelten Verlustschwellen arbeiten und nicht jeden Gewinn mitnehmen. Neben einer entsprechenden Strategie braucht es dazu jedoch auch die Kenntnis der psychologischen Mechanismen. Es genügt nicht, das Vorgehen genau zu planen. Sie müssen Ihren Plan exakt abarbeiten, Ihr Risiko stets begrenzen und sich nicht vom Bauchgefühl leiten lassen. Nur wenn alle Faktoren zusammenkommen, verdienen Sie Geld. Ihre Performance steigern Sie vor allem dann, wenn Sie sich die Wahrscheinlichkeit zunutze machen. Dazu ist es hilfreich, im Fahrwasser der großen Investoren und Anleger zu schwimmen und mit den Märkten zu gehen. Gut bewerkstelligen lässt sich diese Aufgabe mithilfe von Trendfolgestrategien[3], sie erzielen seit Jahrzehnten zuverlässig gute Ergebnisse. Dabei ist ihr Erfolgsgeheimnis simpel: Sie setzen darauf, dass sich ein Trend mit einer statistisch signifikanten Wahrscheinlichkeit fortsetzt. Das klappt selbstverständlich nicht immer, doch werden über einen längeren Zeitraum hinweg die Gewinne deutlich höher ausfallen als die Verluste – sofern ein zuverlässiges Risiko-Management vorhanden ist.

---

3 Trendfolge heißt eine der bekanntesten Tradingstrategien. Mit ihr setzen Anleger auf bestehende und bereits erkennbare Kurstrends. Grundlage für die Erkennung von Trends bildet die Analyse von Charts.

Diesen Zusammenhang berücksichtige ich schon seit vielen Jahren in meinem markttechnischen Handelsansatz[4]. Er beruht, verkürzt gesagt, darauf, das Gleiche zu tun, was der Markt auch tut. Ich folge dem Trend. Etwas adaptiert eignet sich meine persönliche Strategie auch für kleine Konten. Für dieses Buch habe ich vor allem darauf geachtet, das Chance-Risiko-Verhältnis der einzelnen Transaktionen zu optimieren. Schließlich sollen die hier vorgestellten Handelsansätze mit einem kleinen Konto gut zu handeln sein und eine überdurchschnittliche Performance erzielen, ohne die Gefahr großer Verluste einzugehen. Dabei bediene ich mich einerseits klar erkennbarer Muster an den Börsen, alleine damit lassen sich die Renditen von Sparbuch & Co. um ein Mehrfaches steigern. Ein wichtiges Stichwort heißt Saisonalität, Sie werden noch davon hören. Andererseits – und das ist das Kernstück dieses Buchs und sorgt für den Großteil der Performance – setze ich auf Trendfolgestrategien. Das Prinzip hinter der Trendfolge lässt sich einfach erklären, es besteht genau genommen aus lediglich drei Schritten:

1. Sie identifiziert einen Markt mit klarem Auf- oder Abwärtstrend.

2. Sie sucht einen passenden Wert, um von diesem Trend zu profitieren.

3. Sie schließt die Transaktion mit (hohem) Gewinn oder begrenztem Verlust.

Diese drei Vorgaben gilt es zu erfüllen und es ist entscheidend, keine davon zu vernachlässigen. Der statistisch mögliche Kontozuwachs lässt sich am ehesten erzielen, wenn wirklich alle erfüllt sind. Ein starker Aufwärtstrend zum Beispiel im Index hilft Ihnen gar nichts, wenn Sie schwache Aktien auswählen, und Sie werden auch dann keinen Erfolg haben, wenn Sie nach einem starken Anstieg wie in der Zeit bis zum Jahr 2000 den Ausstieg verpassen.

Um Ihnen derartige Erfahrungen zu ersparen, möchte ich Ihnen meinen persönlichen Schlüssel zum Börsenerfolg nicht vorenthalten. Selbstverständlich kann ich keine Gewähr leisten, viele Tausende von Trades haben jedoch Muster verdeutlicht. Demnach liegt die statistische Erfolgswahrscheinlichkeit bestimmter Ansätze über derjenigen anderer Vorgehensweisen. So hat sich erstens ein markttechnischer Handelsansatz bewährt. Verkürzt dargestellt profitiert dieser davon, dass Trends länger anhalten und eine Umkehr vergleichsweise selten erfolgt. Diese Erkenntnis ist nicht neu, ihren Hintergrund bildet die mehr als 100 Jahre alte Dow-

[4] Beim markttechnischen Handelsansatz geht es darum, möglichst exakt die markanten Punkte im Chart zu finden, an denen große Bewegungen entstehen. Damit ist es möglich, sowohl Bewegungen als auch Korrekturen äußerst profitabel zu handeln.

Theorie. Ihr Urheber – Charles Dow – gilt als Mitbegründer der Charttechnik und ist neben seinem Partner Edward Jones Namensgeber der noch heute existierenden Dow Jones Company. Seine Theorie besagt unter anderem, dass sich sämtliche Erwartungen der Marktteilnehmer im Chart widerspiegeln. Auch führt er den Trendbegriff mit steigenden oder fallenden, relativen Hoch- und Tiefpunkten ein. Darüber hinaus verbindet er zum Beispiel Kurstrends mit dem Handelsvolumen. Viel davon berücksichtigt die Strategie in diesem Buch, die Einzelheiten erläutere ich vor allem in den Kapiteln zu Trends. Ein zweiter Schlüssel meines Erfolgs heißt Saisonalität. Damit gemeint ist, dass Kurse oftmals jahreszeitliche Muster aufweisen. Bekannt ist beispielsweise die Jahresendrallye, es lassen sich jedoch auch viele andere Gesetzmäßigkeiten erkennen. Aufgrund ihrer Signifikanz sind saisonale Besonderheiten auch in die Strategie »Kleines Konto groß traden« eingeflossen, ich bespreche sie in einem eigenen Kapitel. Statistisch außerordentlich bemerkenswert sind zudem Nachrichten; ihre Beachtung stellt meinen dritten Schlüssel zum Erfolg dar. Dass Nachrichten großen Einfluss haben, ist logisch – wodurch sollen Kursbewegungen sonst entstehen? Positive oder negative Meldungen sorgen dafür, dass viele Marktteilnehmer Werte kaufen oder verkaufen, und dadurch entstehen oftmals länger andauernde, deutliche Kursbewegungen. Einflussreiche Nachrichten können sowohl den Gesamtmarkt betreffen, als auch sich auf einzelne Werte oder Branchen beschränken. Typische Beispiele für die Auswirkungen von Nachrichten finden sich zum Beispiel im Brexit oder der US-Präsidentschaftswahl, diese Ereignisse wirken sich auf die gesamten Märkte aus – egal ob man Aktien, Rohstoffe oder Währungen handelt. Gravierende Folgen einer Nachricht können jedoch auch auf Einzelwerte beschränkt bleiben, als Beispiel lässt sich das Bekanntwerden der Manipulationsvorwürfe gegenüber VW in Bezug auf die Abgaswerte der Dieselfahrzeuge nennen. Ein wichtiger Unterschied: Termine für Abstimmungen oder Wahlen stehen lange vorher fest, hierauf können sich Trader einstellen. Bei VW kam die Meldung dagegen aus heiterem Himmel und der Kursverlauf zeigt ein sogenanntes Gap[5]. Damit derartige Ereignisse keine übermäßig negativen Auswirkungen auf das eigene Depot zeigen, sollte man einerseits immer ein Auge auf solche Termine haben. Auf Deutsch: Vor bedeutsamen Ereignissen ist es oft besser, sich aus dem Markt zurückzuziehen und zunächst abzuwarten, welche Auswirkungen sich zeigen. Anders sieht es bei unerwarteten Nachrichten aus, hierauf kann man sich weniger gut einstellen. Eventuelle negative Folgen lassen sich jedoch durch ein konsequentes

[5] Als Gap bezeichnet man eine Lücke zwischen zwei Kursfeststellungen. Große Gaps treten meist über Nacht auf, wenn beispielsweise aufgrund einer positiven Nachricht der Eröffnungskurs weit über dem Schlusskurs des Vortages liegt. Dann kann der Unterschied schon mal 10 oder mehr Prozent betragen.

Risiko- und Money-Management begrenzen. Dieses Thema bildet einen weiteren Schlüssel zum Erfolg und dazu folgt noch ein eigenes, sehr ausführliches Kapitel.

Wie ich Trading verstehe

Wer 5.000 Euro besitzt, kann mit relativ wenig Aufwand 300 bis 600 Euro Rendite pro Jahr erzielen. Schon rein statistisch legt der DAX jährlich um 6 bis 8 Prozent zu. Wer beispielsweise den Index per ETF über eine lange Zeit hält, wird diese Rendite auch in Zukunft mit relativer Sicherheit vereinnahmen. Berücksichtigt man saisonale Muster wie die Verluste in den Sommermonaten, steigt die statistische Performance auf circa 12 Prozent an. Wer sich an diese einfachen Regeln hält, vervielfacht die kümmerlichen Renditen von Sparbuch & Co. ohne nennenswerten Aufwand. Zum Beispiel zeigen die Studien von Banken[6], dass die meisten Anleger von derartigen Ergebnissen nur träumen können, und auch meine Umfragen bei Seminaren und Coachings weisen auf rote Zahlen bei bis zu 90 Prozent der Teilnehmer hin! Oft kommen diese enttäuschenden Zahlen sogar mit einem vergleichsweise hohen Aufwand zustande, Tradingzeiten von mehr als sechs Stunden pro Tag sind keine Seltenheit. Für mich ergibt dieses Vorgehen jedoch wenig Sinn. Denn mit derart viel Einsatz kaum Geld zu verdienen bedeutet, ein ausgesprochen schlechtes Verhältnis von Aufwand zu Ertrag.

Nach meinem Verständnis sollte es eher darum gehen, mindestens 20, besser noch 30 oder 40 Prozent Rendite pro Jahr zu erzielen. Dann lohnt sich der Aufwand auch bei einem kleinen Konto und es ist möglich, in überschaubarer Zeit ein Vermögen anzusammeln – Tabelle 1 hat es gezeigt. Für dieses Mehr an Performance nehmen jedoch auch die Risiken zu und viele Trader stellen die Performance gedanklich über die Gefahren. Sie wollen große Gewinne erzielen, buchstäblich nach dem Motto »Koste es, was es wolle«. Und genau diese Schwerpunktsetzung sorgt für die meisten Verluste und sie eignet sich nach meiner Erfahrung nicht dazu, ein kleines Konto groß zu traden. Im Gegensatz dazu lege ich allergrößten Wert darauf, das Risikomanagement als Fundament meines Tradings zu sehen. Die Risiken einer Transaktion möchte ich kennen und wirksam begrenzen. Das gilt für meine privaten Depots und genauso für die Strategien und Handelsansätze in diesem Buch. Nicht von ungefähr nimmt das Kapitel zum Thema großen

---

[6] Beispielhaft sei die »Privatanlegerstudie: Wertpapiere« der ING-DiBa genannt. https://www.ing-diba.de/pdf/ueber-uns/presse/publikationen/privatanlegerstudie-ing-diba-2015.pdf

Raum ein. Nach meinem Verständnis bilden zuverlässige Renditen und ein genauso verlässliches Risikomanagement das Fundament des Tradingerfolgs. Doch was bringt diese Verbindung konkret? Sie versetzt auch Einsteiger in die Lage, mit einem kleinen Konto zuverlässig mindestens 20 Prozent Rendite pro Jahr zu erzielen. Diese Zahl mag einigen Lesern bescheiden erscheinen, doch müssen Sie dazu mehr als doppelt so viel erwirtschaften wie der Gesamtmarkt. Wie schwer es den meisten Kleinanlegern fällt, zeigen die zitierten Umfragen. Möglich sind jedoch sehr viel höhere Gewinne und auch diese lassen sich mit der hier vorgestellten Strategie problemlos erreichen. So kenne ich viele Trader, deren Ziel bei 40 Prozent p.a. liegt und die dieses Niveau auch zuverlässig schaffen.

Fast noch wichtiger als eine nennenswerte Performance ist das Durchhaltevermögen. Denn ein kleines Konto lässt sich nur dann groß traden, wenn die Gewinne dauerhaft auflaufen – egal ob der DAX 20 Prozent zulegt oder um 50 Prozent einbricht. Es braucht also Strategien für Aufwärts- und Abwärtsphasen der Märkte, ebenso muss man sie frühzeitig erkennen. All das ist möglich und lässt sich auch von Einsteigern gut umsetzen. Dazu muss man jedoch den jeweiligen Trend richtig deuten und dementsprechend agieren. Beides bedarf einiger Kenntnisse und Fähigkeiten, die sich mit ein wenig Übung und Disziplin erlernen lassen. Dieses Buch soll einen Beitrag dazu leisten und Sie in die Lage versetzen, sehr schnell Erfolge zu erzielen sowie Fehler zu vermeiden. So umfasst es einerseits die theoretischen und technischen Grundlagen eines markttechnischen Handelsansatzes. Zweitens kommen die psychologischen Mechanismen zur Sprache, die das menschliche Handeln bestimmen. Schließlich hilft Know-how wenig, wenn Sie es nicht umsetzen können. Besitzen Sie die nötige mentale Stärke, lässt sich eine gute Performance dauerhaft sicherstellen. Leider verfügen viele Trader jedoch über ein völlig falsches Bild der Börse und denken, nach der Depoteröffnung stellt sich umgehend und quasi automatisch der Erfolg ein. Doch wie jedes andere Metier auch erfordert das Trading Erfahrung und Know-how. Diese Grundvoraussetzungen müssen sein, und wer kontinuierlich lernt, wird seine Erfolgsspur finden.

Weil sich dieses Buch auch an Einsteiger richtet, habe ich mir zwei klare Vorgaben gemacht: Erstens soll sich die angepeilte Rendite bei niedriger Tradingfrequenz erzielen lassen. Schließlich wollen und können nur wenige Trader täglich stundenlang handeln. Den erforderlichen Zeitaufwand möchte ich so begrenzen, dass ein berufsbegleitender Handel möglich ist. Dazu ist einige Routine erforderlich, aber nach einigen Wochen »Einarbeitung« sollte keiner von Ihnen mehr als drei oder vier Stunden pro Woche aufwenden müssen. Wer dann eine Performance von beispielsweise 30 Prozent erreicht und den Gewinn auf dem Konto belässt, erhält sehr bald einen hervorragenden Stundenlohn für die Tradingzeit. Meine zweite Vorgabe heißt Einfachheit und Klarheit. Deshalb beruhen die vorgestellten Strategien auf Regeln, die sich leicht nachvollziehen lassen und die sich bei den Transaktionen problemlos anwenden lassen. Nicht von ungefähr werden sie Ihnen wie ein Ampelsystem vorkommen: Treffen alle Voraussetzungen zu, können Sie agieren. Fehlen dagegen die beschriebenen Rahmenbedingungen, sollten Sie aussetzen oder einen anderen Markt suchen, in dem es besser aussieht. Ohnehin spielen die Pausen eine wichtige Rolle. Es ist ein Irrglaube vieler Trader, man müsse sehr viel handeln, um eine gute Performance zu erzielen. Vielmehr geht es darum, die richtigen Trades zu machen. Weil man diese finden muss, sollten Sie sich nicht wundern, wenn Sie in der ersten Zeit nur eine bescheidene Performance erzielen. Gerade am Anfang sollten Sie keine überzogenen Gewinnerwartungen hegen, sondern dranbleiben und lernen. Denn ein Zusammenhang ist deutlich: Je mehr Know-how, Disziplin und Erfahrung Sie besitzen, desto weiter werden Ihre Gewinne steigen. Doch lautet die erste Aufgabe für viele Trader, die Verlust- oder Plus-minus-null-Zone zu verlassen und dauerhaft ins Plus zu kommen.

Weil Einfachheit und Risikovermeidung an erster Stelle meines Handelns stehen, ergibt sich eine Beschränkung der Anlagevehikel fast von selbst. Zum Einsatz kommen ausschließlich Aktien, ETFs und gegebenenfalls CFDs. Mit diesen Instrumenten lassen sich alle Transaktionen durchführen, die ich in diesem Buch vorstelle. Ganz bewusst klammere ich dagegen Hebelprodukte und Futures aus. Erstens würde das erforderliche Know-how die Grenzen dieses Buches sprengen und zweitens eignen sie sich meiner Erfahrung nach nicht besonders gut für kleine Konten. Zwar versprechen viele Hebelprodukte überproportionale Gewinne und sie wären theoretisch ideal, um ein kleines Konto groß zu traden. Allerdings besteht die reale Gefahr, mit einem einzigen Verlusttrade einen Großteil des Depots zu vernichten. Das Chancen-Risiko-Verhältnis dieser Instrumente ist mir schlicht zu ungünstig. Das gilt umso mehr, weil ein Teil der Transaktionen unweigerlich Verluste hervorbringt. Das lässt sich leider nicht ändern, denn niemand vermag in die Zukunft zu schauen. Ich möchte mit dieser Schwerpunktsetzung übrigens nicht behaupten, dass Hebelprodukte generell schlecht sind. Lediglich für die Strategien und Handelsansätze hinter »Kleines Konto groß traden« eignen sie sich nicht.

Wichtig erscheint mir auch, auf die Kosten zu achten. Deshalb zielt mein Ansatz darauf ab, Gebühren und andere Belastungen konsequent zu begrenzen. Vor allem Trader mit kleinen Konten müssen ihre Dienstleister und Hilfsmittel mit

Bedacht auswählen. Denn Ordergebühren von beispielsweise 10 Euro fallen bei einer Kontogröße von 100.000 Euro kaum ins Gewicht, bei 5.000 Euro dagegen bedeuten sie 0,2 Prozent. Wer 100 Trades pro Jahr durchführt – gerade einmal zwei pro Woche –, kommt auf eine Gesamtbelastung von 1.000 Euro! Wer diesen Zusammenhang unterschätzt, spürt ihn spätestens beim Blick auf die Jahresendabrechnung des Brokers[7]. Die Gebühren stellen auch einen Grund dar, weshalb man so wenig wie möglich handeln und stattdessen versuchen sollte, pro Trade möglichst viel zu erlösen. Doch auch die Kurs-, Informations- und Chartversorgung kann ins Geld gehen. Diese Belastungen lassen sich ebenso minimieren, das Internet bietet eine Vielzahl sehr guter und kostenloser Informationsplattformen. Das gilt vor allem für den US-Markt, hier konnten sich in den letzten Jahren verlässliche und qualitativ hochwertige Angebote etablieren. Weil die Gebührenbelastung bei kleinen Konten nicht unterschätzt werden sollte, beschäftigt sich ein eigenes Kapitel mit der Broker- und Plattformauswahl.

Wahrscheinlich werden Ihnen die ersten Seiten dieses Buches bereits gezeigt haben, dass der Erfolg an der Börse ein gewisses Know-how sowie Arbeit erfordert. Es gilt, viele unterschiedliche Aspekte zu berücksichtigen, und nur wer sein Wissen auf allen Ebenen umsetzen kann, wird langfristig Geld verdienen. Weil mir dieser Zusammenhang bei allen Coachings immer wieder vor Augen geführt wird, habe ich immer wieder kleine Fragerunden integriert. Sie sollen Ihnen dabei helfen, die Inhalte zu reflektieren und Sinn von Unsinn unterscheiden zu lernen. Aus den vorgegebenen Antworten sollten Sie daher die korrekten Aussagen herausfiltern und darüber nachdenken, weshalb eine Antwort keinen Sinn ergibt. Nehmen Sie sich bitte diese Zeit. Denn auch wenn manches hanebüchen klingen mag: Ich habe versucht, verbreitete Irrtümer aufzugreifen.

Das reale Konto hinter diesem Buch

Schon während der Entwicklung von »Kleines Konto groß traden« war mir klar, dass ich das Ganze nicht in der Luft hängen lassen wollte. Die Behauptung, wonach sich aus 5.000 Euro in überschaubarer Zeit ein Vielfaches machen lässt, braucht Glaubwürdigkeit. Deshalb habe ich einen realen Hintergrund zu diesem Buch geschaffen. In einem Zeitraum von viereinhalb Monaten zwischen dem

---

7 Broker nennen sich Dienstleister, die den Zugang zur Börse ermöglichen. Sie sind erforderlich, um beispielsweise Aktien oder ETFs handeln zu können.

1. Oktober 2015 und dem 15. Februar 2016 habe ich meinen Handelsansatz im Rahmen einer Webinar-Reihe live vorgestellt. Dazu habe ich ein Depot mit 5.000 Euro kapitalisiert und in dieser Zeit real gehandelt, um meine Strategie zu verdeutlichen. Währenddessen zeigte sich ein ganz »normaler« Kursverlauf mit unterschiedlichen Phasen, die Märkte sind sowohl stark angestiegen als auch deutlich eingebrochen. Meine Strategie musste also mit jedem Umfeld zurechtkommen. Wie dies gelungen ist, verdeutliche ich an den 13 Trades aus dem Zeitraum vom 1. Oktober 2015 bis zum 15. Februar 2016. Beginnend mit Nummer eins werde ich alle Transaktionen in chronologischer Folge vorstellen. Sie finden alle Angaben zu Preisen, Gebühren und natürlich zur jeweiligen Performance. Doch ohne vorgreifen zu wollen, zeigt sich bereits eine wichtige Erkenntnis: Wenige Transaktionen reichen aus für die Strategie hinter diesem Buch. Ich habe durchschnittlich nur einmal pro Woche gehandelt. Sie werden jeweils erfahren, unter welchen Voraussetzungen eine Transaktion stattfand, welche Absicht dahinterstand und inwiefern mein jeweiliger Plan aufgegangen ist.

Abbildung 2: DAX-Performance Oktober 2015 bis 15. Februar 2016

Für ein solches Fazit braucht es selbstverständlich den Vergleich, schließlich zielen meine Strategien und Handelsansätze darauf ab, den Markt zu schlagen. Der DAX zum Beispiel verlor im genannten Zeitraum gut 7 Prozent und zeigte eine Schwankungsbreite von etwa 20 Prozent. So notierte der Deutsche Aktienindex zu Handelsbeginn am 01. Oktober 2015 bei 9.757 Punkten, am 15. Februar 2016 ging er mit 9.207 Punkten aus dem Markt. Ein Minus also von 550 Punkten. Sehr schön zeigt der Chart[8] das Auf und Ab im Lauf der viereinhalb Monate am Beispiel des FDAX-Futures. Ganz untypisch für die Winterzeit kam es von Dezember bis Februar zu einem kräftigen Kurseinbruch. Um den Markt wirklich zu schlagen, musste ich also mit unvorhersehbaren Situationen zurechtkommen und zeitweise auch auf fallende Kurse setzen.

Vor dem Hintergrund des abgebildeten Kursverlaufs ging es also darum, Gelegenheiten für Erfolg versprechende Transaktionen zu identifizieren. Dazu habe ich die 13 erwähnten Trades nicht etwa im Nachhinein ausgewählt, weil sie mir in den Kram passen. Vielmehr habe ich sie live im genannten Zeitraum durchgeführt und auch den damaligen Webinar-Teilnehmern unmittelbar präsentiert. In diesem Rahmen habe ich versucht, ein sehr breites Spektrum der Möglichkeiten zu berücksichtigen. Die Trades fanden mit unterschiedlichen Instrumenten[9] statt, auf verschiedenen Zeiteinheiten und auch die strategischen Herangehensweisen an eine bestimmte Marktsituation habe ich variiert. Damit möchte ich Ihnen einerseits verdeutlichen, dass es nie nur die eine richtige Lösung gibt. Andererseits sollen Sie ein Gefühl dafür bekommen, welche Alternativen bestehen und wie Sie vom existierenden Umfeld jeweils bestmöglich profitieren können. Falls Sie bestimmte Begrifflichkeiten in den ersten Beschreibungen noch nicht kennen sollten oder sich beim theoretischen Hintergrund unsicher fühlen: Die genauen Erklärungen zu Charttechnik, Handel oder Instrumenten folgen im weiteren Verlauf des Buchs. Es erschien mir sinnvoll, die Trades nicht auf einmal zu präsentieren, sondern sie locker auf die einzelnen Kapitel zu verteilen. In separaten Kästen erläutere ich jeweils ausführlich, vor welchem Hintergrund ein Trade stattgefunden hat und welches Ergebnis dabei herausgekommen ist. Am Ende des Kastens sehen Sie jeweils auch das genaue Ergebnis in Euro und Prozent. Diese Prozentangabe bezieht sich jeweils auf das eingesetzte Kapital. Habe ich also für 1.000 Euro Aktien gekauft und für 1.050 Euro wieder verkauft, errechnet sich ein Gewinn von 5 Prozent.

Noch eine Anmerkung zur Berechnung: Je nach Börse erfolgten die Trades in Euro oder Dollar. In den Tabellen in den Kästen finden sich die Währungen des jeweils gehandelten Instruments. Da ich die Performance jedoch auf das anfängliche 5.000-Euro-Depot beziehe, zählt in der Schlussabrechnung selbstverständlich

---

8 Charts im Zusammenhang mit der Börse sind Grafiken, die den Kursverlauf über einen bestimmten Zeitraum abbilden.

9 Ein Instrument bezeichnet im Zusammenhang mit der Börse einen bestimmten Typ von Wertpapier, beispielsweise Aktien, Futures oder Optionen.

der Gewinn in Euro. Zudem befanden sich Euro und Dollar zur gesamten Handelszeit fast auf Gleichstand, die Währung spielt somit ohnehin kaum eine Rolle.

Die erste Transaktion dürfte Ihnen bekannt vorkommen, die DAX-Entwicklung kam gerade erst zur Sprache:

Trade Nr. 1: DAX (long)

»Kleines Konto groß traden« startete am 1. Oktober und schon ein kurzer Blick auf den unten folgenden Chart zeigt die eher schlechte Verfassung der Börse bis zu diesem Zeitpunkt. So gaben beispielsweise die deutschen Werte zuvor langsam, aber stetig nach. Wer markttechnisch agiert, wird hier also kaum auf steigende Kurse setzen – im Gegenteil, das Chartbild deutet eher auf ein weiteres Absacken. Wer einen längeren Chartzeitraum analysiert, erkennt jedoch auch, dass sich der Indexstand am 1. Oktober innerhalb eines Widerstandsbereichs befand. Dieser wurde bereits im Jahr 2014 getestet und bildete den Boden für den damaligen Anstieg. Insgesamt gesehen stellte sich das charttechnische Bild uneinheitlich dar und damit eher als ungeeignet für einen Einstieg. Ich versuche jedoch, weitere Faktoren in meinen Handel miteinzubeziehen. So zeigt die Erfahrung, dass Nachrichten und saisonale Muster die Märkte sehr stark beeinflussen und technische Ansätze aushebeln können. Es ist daher sinnvoll, alle drei Welten zu berücksichtigen. Dieses Wissen habe ich mir beim ersten Trade beim Deutschen Aktienindex DAX zunutze gemacht.

Unabhängig von charttechnischen Aspekten zeigt die Historie, dass die Börsen im Oktober meist steigen. Die Hausse dauert in der Regel bis Ende November, dann folgt eine kurze Korrektur und im Dezember startet die bekannte Jahresendrallye. So habe ich mich entschlossen, diese statistische Wahrscheinlichkeit zu nutzen, und darauf gesetzt, möglichst früh einzusteigen – daher der Start gleich am 1. Oktober. Mir ging es hierbei um den Index als Ganzes. Dieser lässt sich beispielsweise per ETF[10] handeln. Im Beispiel habe ich den Wert EXS1 des Anbieters iShares gekauft, dessen Entwicklung zeigen die abgebildeten Chartgrafiken. Der Pfeil im Chart verdeutlicht den exakten Zeitpunkt des Kaufs.

[10] ETF bedeutet *Exchange Traded Fund*, also börsengehandelter Fonds.

Einstieg

Wert: DAX, Instrument: ETF, Ausrichtung: long

Datum	Preis	Stück	Gebühren	Stop-Loss
01.10.2015	85,46 €	25	4 €	100 €

Um die Verluste bei einer unerwarteten Abwärtsbewegung zu minimieren, habe ich eine Stop-Loss-Order aufgegeben – ich wollte höchstens 100 Euro oder 2 Prozent des Depotwertes von 5.000 Euro riskieren. Bei 25 Stück durfte der Kurs damit 4 Euro verlieren, der initiale Stopp lag also bei 81,46 Euro. Tatsächlich fand die saisonal übliche Rallye statt. Der DAX stieg wie erwartet und ich konnte den Kursanstieg der deutschen Aktien im Oktober und im November 2015 für das Live-Depot nutzen. Es war möglich, den gesetzten Stop-Loss immer wieder nachzuziehen und sehr schnell in die Gewinnzone zu gelangen. Um von Korrekturen nicht vorschnell ausgestoppt zu werden, habe ich mich dazu entschlossen, dem Markt anfangs Raum für Korrekturen zu geben.

Ausstieg

Im Dezember war es dann so weit, mustergültig nach saisonalen Regeln begann eine Korrektur und der ETF wurde in zwei Tranchen verkauft. Den Ausschlag zum Verkauf gab einerseits der starke Anstieg, über 20 Prozent hatte der DAX bereits zugelegt und eine Korrektur war daher wahrscheinlich. Diese begann auch im Dezember mit sehr kräftigen Einbrüchen an aufeinanderfolgenden Tagen. Angesichts dieser Schwäche habe ich zunächst 15 der 25 Stück verkauft und wollte mit dem Rest abwarten, ob der Wind noch dreht. Doch dann folgte ein sehr starker Tageseinbruch bei hohen Umsätzen. Für mich war der Aufwärtstrend mit diesem Einbruch beendet und ich habe auch die zweite Tranche verkauft. Die beiden Pfeile im folgenden Chart zeigen die Punkte, an denen die Orders ausgeführt wurden.

Datum	Preis	Stück	Gebühren	Gewinn
02.12.2015	96,24 €	15	4 €	153,70 €
08.12.2015	93,99 €	10	4 €	81,30 €

Mit dem DAX-Trade konnte ich das Live-Depot sehr erfolgreich starten, ein Plus von knapp 5 Prozent gerechnet auf das Gesamtdepot durch eine einzelne Position bereits am Anfang motiviert zum Weitermachen. Doch stellt sich selbstverständlich die Frage, ob auch der Ausstieg so gut getroffen wurde wie der Einstieg, ein Blick auf den weiteren Kursverlauf zeigt es:

Besser geht es kaum! Die Ein- und Ausstiegsmarken befinden sich fast an den Idealpunkten. Nach dem Ausstieg hat der DAX sämtliche Gewinne wieder abgegeben, und wer investiert blieb, schrieb bis Februar sogar rote Zahlen. Allerdings sind solch perfekte Treffer selbst für erfahrene Trader eher selten.

Realisierte Performance: 235,00 € oder 11%

Stimmen die folgenden Aussagen?

Wie gelingt es, ein kleines Konto groß zu traden?

1. Einfach loslegen, Börsen steigen langfristig immer.
2. Man sollte darauf setzen, mindestens 20 Prozent Rendite pro Jahr zu erzielen.
3. Es ist wichtig, die Verluste zu begrenzen und die Gewinne möglichst wachsen zu lassen.
4. Je mehr man handelt, desto wahrscheinlicher ist eine hohe Rendite.
5. Viel hängt von der Disziplin ab, man muss kontinuierlich dranbleiben.

DIE VORAUSSETZUNGEN FÜR DEN BÖRSENERFOLG

Jeder kennt das Auf und Ab an den Märkten und genauso dürfte jeder schon Verluste gemacht haben. Insgesamt sehen die Rahmenbedingungen jedoch sehr positiv aus, bei langfristiger Betrachtung steigen die Börsen sowohl in Deutschland als auch in den USA im Schnitt um 6 bis 8 Prozent pro Jahr. Doch nun wird es interessant: Viele Trader sehen nichts von dieser Performance und machen stattdessen Verluste. Diese bittere Erkenntnis wird immer wieder durch Studien untermauert und auch meine Erfahrung als Coach bestätigt sie. Oftmals bekennen sogar 90 Prozent meiner Seminar- und Coachingteilnehmer, dass sie entweder nicht profitabel oder lediglich plus/minus null handeln. Eine einfache Buy-and-Hold-Strategie würde hier also bereits zu einer spürbaren Verbesserung führen. Deshalb lohnt ein Blick auf die Ursachen, an denen die meisten Privatanleger scheitern. Denn nur wer die Gründe für Verluste kennt, kann sie vermeiden. Einer davon ist der »Gegner«: Die große Masse des Geldes an den Börsen wird nicht von Kleinanlegern verschoben, sondern von institutionellen Händlern. Das können Profitrader sein, aber selbstverständlich auch Fondsmanager oder Pensionskassen. Ihr Job ist, riesige Geldmengen möglichst profitabel zu handeln – jeden Tag und von morgens bis abends. Dabei können sie sich meist auf ein Heer von Analysten und Spezialisten stützen. Auch erhalten sie die relevanten Informationen sehr zeitnah. Deshalb wissen sie genau, was sie tun. Wer angesichts dieser Rahmenbedingungen nicht untergehen will, muss ebenfalls seine Hausaufgaben machen.

Gefährlich ist das Trading, weil diese Gegner nicht sichtbar sind. Kein Privatanleger kennt den millionenschweren Hedgefonds-Manager, der ihm gerade 100 Aktien verkauft. Diese Anonymität des Börsenhandels verführt zu Leichtsinn. So käme sicher niemand auf die Idee, mit einem Weltklasseboxer in den Ring zu steigen, doch der Klick auf den Kaufen-Button ist kinderleicht. Zu viele Menschen glauben gerne, dass Trading eine einfache Angelegenheit sei, und begeben sich auf sehr dünnes Eis. Dieser Glaube hält so lange an, bis Verluste auflaufen. Dann folgen der große Frust und oftmals sogar ein Rückzug von der Börse. Es geht jedoch auch anders und vor allem erfolgreicher! Zunächst sollte sich jeder Privatanleger bewusst machen, dass er niemals auf Augenhöhe mit Profis gelangen kann. Ein solches Expertenwissen ist jedoch gar nicht nötig, eine Grundausstattung an Know-how reicht aus, um signifikant mehr zu gewinnen als zu verlieren. Wer die Mechanismen der Märkte analysiert, kann ihre Bewegungen zum eigenen Vorteil ausnutzen. Dazu ist jedoch kontinuierliches Lernen erforderlich, es hilft dabei, ein kleines Konto tatsächlich groß zu traden. Mein Ziel ist, die nötigen Grundkenntnisse zu vermitteln und dafür zu sorgen, dass Sie nicht zum Spielball der großen Händler werden. So enthält dieses Buch etwa das theoretische Wissen zu Trendanalyse oder Marktscreening sowie zur Auswahl von Broker und Software.

Um ein erfolgreicher Trader zu werden, braucht es zudem Zeit und vor allem das Selbststudium. Viele Begriffe und Vorgehensweisen in diesem Buch werden Ihnen vielleicht kompliziert erscheinen, auch wenn ich mich bemüht habe, Fachvokabular auf das Nötigste zu begrenzen. Doch ganz ohne geht es leider nicht und auch ein Grundverständnis der Prinzipien hinter Börse und Finanzen ist erforderlich. Je besser Sie diesen Themenbereich verstehen, desto leichter wird es Ihnen fallen, die beschriebenen Strategien korrekt umzusetzen. Denn meiner Erfahrung nach nutzt es wenig, wenn Sie etwa eine Aktie um die Quartalszahlen herum nicht handeln, aber den Grund dafür nicht kennen. Mit dem theoretischen Wissen ist es jedoch immer noch nicht getan, einen ebenso wichtigen Stellenwert nimmt die praktische Umsetzung ein. So braucht es diverse mentale Voraussetzungen, um eine Strategie fehlerfrei anzuwenden, und die Psychologie nimmt einen wichtigen Teil in diesem Buch ein. Doch zeigt meine Erfahrung, dass viele Trader gerade in diesem Bereich mit Schwierigkeiten konfrontiert sind. Gefühle durchkreuzen ihre Strategien immer wieder, obwohl sie es eigentlich besser wissen. In solchen Fällen ist es sinnvoll, externe Hilfe in Anspruch zu nehmen. Diese stärkt in der Regel nicht so sehr das theoretische Wissen, vielmehr dient sie der Praxis. Meine Coachings beispielsweise bestehen zu einem großen Teil darin, Sicherheit, Erfahrung und Praxis zu vermitteln. Gerade die Praxis lässt sich nur ansatzweise über Bücher oder Webinare vermitteln. Vor allem Seminare und Coachings wirken hier erfahrungsgemäß sehr viel stärker, weil sie die Gelegenheit zu Gegenfragen bieten. Man kann individuell auf eine Person eingehen und die Problemfelder gezielt ausräumen. In Seminaren vermittle ich zum Beispiel immer zunächst die theoretischen Grundlagen und danach erarbeiten die Teilnehmer die Inhalte in Kleingruppen. Dieses mehrstufige Vorgehen verankert neues Wissen in den Köpfen und es geht erst dann weiter, wenn die bisherigen Inhalte tatsächlich verinnerlicht wurden. Zudem hilft der persönliche Kontakt dabei, Fehler aufzudecken und den Teilnehmern zu vermitteln, wie sie diese in Zukunft vermeiden können.

Theorie gehört also genauso dazu wie Praxis und das eigenständige Erarbeiten von Inhalten steht gleichberechtigt neben der Vermittlung durch Mentoren oder Coaches. Ich möchte Sie daher ermuntern, weitere Bücher, Webinare oder Seminare zu Rate zu ziehen.

Betonen möchte ich zudem, dass sich Trading durchaus als Beruf bezeichnen lässt. Hauptberufliches Trading ist sogar eine Form der Selbstständigkeit. Wer vom Traden leben will, ist Unternehmer und bekommt nicht mehr jeden Monat automatisch Geld von einem Arbeitgeber. Stattdessen tauscht er die Sicherheit der Lohn- oder Gehaltszahlung gegen den unsicheren Erfolg an den Märkten. Um diesen Weg in die Selbstständigkeit erfolgreich gehen zu können, braucht es eine gehörige Portion Risikobereitschaft und die mentale Stärke, um Durststrecken überwinden zu können. Denn die Rahmenbedingungen ändern sich grundlegend: Die meisten Firmen zahlen auch dann, wenn Sie nicht so gut gearbeitet haben, im Urlaub waren oder krank sind. All das tut die Börse nicht. Jeden Euro müssen Sie sich aktiv erarbeiten, und wer regelmäßig seinen Lebensunterhalt bestreiten muss, benötigt die Erträge seiner Transaktionen. Ist eine Familie zu ernähren, lastet eine enorme Verantwortung auf einem Trader und jeder Verlust beeinträchtigt die Haushaltskasse ganz unmittelbar. Sehr schnell entsteht neben der finanziellen auch eine psychische Belastung, und um diese zu bewältigen, braucht es das nötige Rüstzeug. Dieses besteht vor allem aus der richtigen Einstellung. Zum Glück lässt sich die eigene Psyche bis zu einem gewissen Teil schulen, einige mentale Voraussetzungen sind jedoch sicher von Vorteil. Vermutlich führt dieser Zusammenhang dazu, dass beispielsweise Beamte nur selten aktiv an der Börse unterwegs sind.

Ebenfalls in den Bereich Psychologie gehört das Vertrauen in die eigenen Fähigkeiten. Nur wenige würden ein Lokal eröffnen, wenn sie nicht kochen können oder die Grundlagen des Service nicht beherrschen. Auch dürfte es kaum zum Erfolg führen, mit einer Pizzeria anzufangen und dann Döner zu verkaufen, weil man nicht versteht, warum die Kunden ausbleiben. Solides Wissen über die Mechanismen der Märkte sorgt für die nötige Sicherheit in jedem Metier. Das gilt auch für das Trading. Wer weiß, was er tut, kann sein System danach ausrichten und bei Verlusten sehr schnell herausfinden, warum diese auftreten. Damit ist es möglich, das bestehende System zu perfektionieren und Fehler beim nächsten Mal zu vermeiden. Aus dieser Fähigkeit erwächst die Kraft, eine Strategie konsequent zu optimieren. Vielen Tradern fehlt leider dieses Selbstvertrauen und sie wechseln ihre Strategie immer wieder. Ich möchte deshalb betonen, dass Sie Ihrer Strategie treu bleiben und bei Rückschlägen zuallererst an die Analyse gehen sollten. Denn meine Erfahrung zeigt, dass der Misserfolg selten auf die jeweilige Strategie zurückzuführen ist. Vielmehr sorgen Fehler für das Minus, wichtige Regeln wurden schlicht nicht eingehalten. Oftmals kommt auch die Ungeduld in die Quere, weil Menschen sich die zeitliche Entwicklung nur schwer vorstellen können. So unterschätzen sie einerseits die positiven Folgen ihrer wachsenden Erfahrung, andererseits denken sie nicht an die Auswirkungen des Zinseszinseffekts. Doch auch wenn die Erträge am Anfang eher bescheiden ausfallen: Die Performance wird sich mit der Zeit verbessern.

Erfolg an der Börse braucht also diverse Voraussetzungen und diese haben zunächst einmal gar nichts mit Geld zu tun. Im Gegenteil, das Ziel dieses Buchs ist es ja gerade, Geld zu erwirtschaften oder genauer gesagt ein kleines Konto groß zu traden. Damit dies funktioniert, sollten Sie in ganz unterschiedlichen Bereichen ansetzen und sich sowohl theoretisches Wissen aneignen als auch die psychologischen Mechanismen hinter Ihrem Handeln analysieren. Die folgende Liste erhebt keinen Anspruch auf Vollständigkeit – zumal sich die Menschen unterscheiden –, sie führt jedoch die aus meiner Sicht wichtigsten Voraussetzungen auf, die ich im späteren Verlauf des Buches noch genauer erläutern werde.

- Grundwissen und Marktverständnis
  Versetzt Sie in die Lage, überhaupt an den Börsen sinnvoll zu agieren.

- Einfache und sichere Strategien
  Was zu kompliziert ist, können Sie kaum umsetzen.

- Emotionen beherrschen
  Sie müssen lernen, Ihre Gefühle zu beherrschen.

- Verlustbegrenzung
  Weil sich Verluste niemals hundertprozentig vermeiden lassen, sollten Sie Grenzen einführen.

- Risiko- und Money-Management
  Handeln Sie so, wie es Ihrem Konto angemessen ist, und setzen Sie niemals Ihr kleines Geld auf ein einziges Pferd.

- Zurückhaltung
  Sie müssen nicht handeln! Ergibt sich keine Gelegenheit, sollten Sie auch nicht aktiv werden.

- Dokumentation
  Ein Tradejournal ist fundamental für Ihren Erfolg.

- Die Brokerauswahl
  Der richtige Broker spart bares Geld. Handeln Sie zudem so selten wie möglich, um Gebühren zu vermeiden.

- Zusätzliches Kapital ansparen
  Sehen Sie Ihr Tradingkonto als Sparvertrag und zahlen Sie freies Kapital ein.

Einzig auf den letzten Punkt in dieser Liste werde ich nicht näher eingehen, er versteht sich meiner Ansicht nach von selbst. So werden Sie Ihre finanziellen Ziele deutlich schneller erreichen, wenn Sie Ihr Depot zusätzlich unterstützen. Gerade im Fall kleiner Konten wirken sich selbst 100 Euro spürbar aus und sie verhelfen dazu, das vertretbare Risiko heraufzusetzen.

Die Kontogröße

Wer ein nennenswertes Vermögen durch Transaktionen an der Börse erzielen will, braucht zwar kein großes Konto, eine gewisse Grundlage ist jedoch aus meiner Sicht zwingend erforderlich. Sind nur 1.000 Euro vorhanden, erbringen sogar große Renditen von 5 Prozent pro Monat nur jeweils 50 Euro. Und wer dafür täglich ein oder zwei Stunden investieren muss, kommt auf ein denkbar schlechtes Verhältnis von Aufwand zu Ertrag. Wer nur über sehr wenig Geld verfügt, sollte daher zunächst eine kleine Grundlage ansparen, um sinnvoll traden zu können. Zudem gilt: Je mehr Geld vorhanden ist, desto mehr lohnen sich die beschriebenen Strategien. Ihr Ziel sollte daher sein, das Konto möglichst schnell in den fünfstelligen Bereich zu handeln. Erreichen können Sie diese Schwelle auch dann, wenn Sie klein anfangen. Doch was ist überhaupt ein kleines Konto? Klein im Sinne dieses Buches ist ein Konto, mit dem sich Transaktionen in einem begrenzten und doch Erfolg versprechenden Rahmen durchführen lassen. Aus meiner Erfahrung weiß ich, dass Kontengrößen von circa 5.000 Euro erforderlich sind und auch die meisten Trader tatsächlich über ein solches finanzielles Polster verfügen. In diesem Buch geht es also darum, aus 5.000 Euro sehr viel mehr zu machen. Meine Definition der Kontogrößen:

- Bis 5.000 Euro: kleines Konto

- Bis 25.000 Euro: mittleres Konto
- Über 25.000: großes Konto

Dieses Buch stellt eine Strategie vor, die eine kontinuierliche Performance von mindestens 20 Prozent pro Jahr anstrebt. Damit lässt sich aus 5.000 Euro Grundkapital problemlos ein großes Konto »ertraden«. Sinnvoll ist es auf jeden Fall, Wegmarken zu setzen und diese mit konkreten Zeiträumen zu verknüpfen. Ein erster Schritt könnte beispielsweise darin bestehen, die Stufe von 25.000 Euro oder Dollar anzupeilen. Diese Schwelle ist deshalb bedeutsam, weil US-Broker den aktiven Intradayhandel erst ab dieser Depotgröße erlauben. Wie die Kontoentwicklung vonstattengeht und welche Zeiträume dazu erforderlich sind, hat Tabelle 1 bereits verdeutlicht. Erinnern Sie sich, 20 Prozent jährliche Rendite machen aus 5.000 Euro bereits nach weniger als 10 Jahren 25.000 Euro, eine Performance von 400 Prozent! Mit ein wenig Nachhilfe lässt sich das Ganze sogar noch beschleunigen. So profitiert noch deutlich stärker vom Zinseszinseffekt, wer zusätzliches Kapital anspart. Diesen Zusammenhang möchte ich anhand einer monatlichen Sparrate von 200 Euro verdeutlichen, die in die bereits bekannte Rechnung einfließt. Zudem rechne ich die Performance in der folgenden Tabelle nicht jährlich an, sondern monatlich. Diese Änderung ist sinnvoll, schließlich entsteht die Performance unmittelbar nach dem Schließen jeder Position und nicht erst am Jahresende. Gleich bleibt die Rendite von 20 Prozent pro Jahr.

Jahr	Summe (Euro)	Einzahlungen (Euro)	Performance (Euro)
0	5.000,00		
1	8.773,53	2.400,00	1.373,53
2	13.374,93	2.400,00	2.201,40
3	18.985,84	2.400,00	3.210,91
4	25.827,74	2.400,00	4.441,90

Tabelle 2: Zinseszinseffekt mit monatlicher Gutschrift der Performance und einer Sparrate von 200 Euro

Bei einer Performance von 20 Prozent und einer monatlichen Sparrate von 200 Euro dauert es also nur 4 Jahre, bis die wichtige Schwelle von 25.000 Euro erreicht ist. Trotz dieses geringen Zeitaufwandes ist der Zinseszinseffekt enorm wichtig für diese eindrucksvolle Entwicklung. Deshalb sollten vor allem Trader mit kleinem Konto darauf achten, anfänglich kein Kapital abzuziehen, und stattdessen möglichst viel einzahlen. Damit verkürzt sich die Zeit spürbar, bis aus einem kleinen Konto ein großes wird, und die Handelsmöglichkeiten vergrößern sich. Wer hier konsequent agiert, kann die finanzielle Unabhängigkeit sehr schnell erreichen. Und aus eigener Erfahrung kann ich bestätigen, dass der Blick auf den stetigen Kontozuwachs zusätzlich motiviert.

Die typischen Anfängerfehler

Die Voraussetzungen für den Börsenerfolg lassen sich zum Großteil sehr klar beschreiben, und wer die Regeln beherzigt, wird normalerweise erfolgreich agieren. Aus meiner jahrelangen Coachingpraxis weiß ich zudem, dass zahlreiche Stolperfallen existieren, die vor allem den Einsteigern zu schaffen machen. Wer sie kennt und stets im Hinterkopf behält, kann sie jedoch vermeiden. Die folgende Aufstellung versammelt einige davon:

- Mangel an Grundkenntnissen
  Das Know-how für das Trading lässt sich durchaus mit dem Wissen für viele Jobs vergleichen. Deshalb verwundert es nicht, dass gerade am Anfang Fehler auftreten, und es ist sinnvoll, konsequent zu lernen und klein oder im Demokonto anzufangen. Nur wer die Mechanismen kennt, agiert profitabel.

- Zu große Nähe
  Wer täglich stundenlang vor dem Rechner sitzt und seine Positionen beobachtet sowie Charts anschaut, bringt sich zu nah an die Märkte. Damit schwindet die nötige Distanz.

- Schwerpunkt auf Indizes oder Devisen
  Manche Märkte lassen sich relativ einfach handeln, andere nicht. Aufgrund der schwierigen Trendbestimmung und weil sehr viele Nachrichten die Kurse beeinflussen, erfordern vor allem Indizes und Devisen ein umfangreiches Know-how. Wer anfängt, sollte daher eher auf Aktien setzen.

- Zu kleine Zeiteinheiten
  Wahrscheinlich ist die Verlockung täglicher Gewinne schuld, der Intradayhandel besitzt unter Tradern noch immer eine hohe Popularität. Doch zeigen alle Untersuchungen von Brokern und auch die Erfahrungen aus Seminaren, dass kaum ein Daytrader profitabel agiert. Die Erkenntnis kann auch nicht verwundern, denn es ist viel schwieriger, auf Minutenbasis erfolgreich zu sein als auf Tag oder Stunde. Zudem fehlt oft das nötige Wis-

sen, vor allem in kurzen Zeiteinheiten wirkt sich das aktuelle Geschehen sehr stark aus.

- Die falschen Broker
  Wer zu hohe Gebühren bezahlt, macht seine Performance langfristig kaputt. Wenn die Kurse zudem nicht den offiziellen Markt widerspiegeln, lassen sich kaum die richtigen Ein- und Ausstiegspunkte finden.

- Der Plan fehlt
  Zu viele Trader handeln nicht nach einem konkreten Tradingplan und versäumen dadurch, die grundlegenden Regeln ihrer Strategie einzuhalten. So fehlen oft die Voraussetzungen für den Tradingerfolg, die eigentlich im Vorfeld festgelegt wurden.

- Kein Tradejournal
  Das Tradejournal stellt eine der elementarsten Bedingungen für den Erfolg dar. Wer seine Transaktionen nicht auflistet und die Notizen hinterher nicht auswertet, agiert in den meisten Fällen nicht profitabel. So banal es klingen mag: Der Zusammenhang zwischen dem Führen eines Tradejournals und einer positiven Performance ist frappierend.

Kennen Sie diese Fehler vielleicht sogar aus Ihrer eigenen Börsenerfahrung? Dann wissen Sie sicher, wovon ich spreche, und Sie sollten alles daransetzen, diese Fallen in Zukunft zu umgehen. Das gilt umso mehr, weil sich die meisten dieser Fehler verhältnismäßig leicht beheben lassen. Ein Tradejournal zum Beispiel lässt sich ohne Weiteres anlegen, mitunter sogar noch für einige Positionen im Nachhinein. Oft braucht es einfach nur die nötige Disziplin und viele der genannten Punkte verschwinden wie von selbst.

Wie ich auf Trends setze

Sie wissen bereits, dass die Strategie von »Kleines Konto groß traden« zum großen Teil auf der Trendfolge basiert. Um Trends erfolgreich erkennen zu können, ist es erforderlich, vor jedem Engagement die Märkte genau zu analysieren. So lässt sich mit großer Wahrscheinlichkeit herausfinden, in welche Richtung ein Markt tendiert und welche Entwicklung zu erwarten ist. Mein Anspruch heißt jedoch, besser als der Gesamtmarkt zu sein. Deshalb nutze ich die Analyse, um gezielt zu selektieren und nur dort zu investieren, wo die Gewinnwahrscheinlichkeit am höchsten ausfällt. Steigt beispielsweise der US-Markt stärker als der deutsche, bevorzuge ich Aktien aus S&P 500 oder NASDAQ. Doch ist es oftmals wichtig, nicht nur den Markt zu betrachten, in dem Sie handeln möchten. Das gilt vor allem deshalb, weil die Märkte vieler Industrieländer stark miteinander korrelieren. Bei einer deutschen Aktie auf steigende Kurse zu setzen, wenn der S&P 500 in einen Abwärtstrend wechselt, ergibt selten Sinn. Denn die Veränderungen in einem Markt lassen oft auf Entwicklungen anderswo schließen. Vor allem die US-Börsen geben hier den Ton an. So kommt es meiner Erfahrung nach darauf an, festzustellen, in welchem Markt sich ein Trend gerade am saubersten zeigt und ob sich diese Entwicklung im Einklang mit der globalen Situation befindet. Mit diesem Wissen agiere ich. Ist ein sauberer Aufwärtstrend übergreifend erkennbar, kaufe ich, und wenn es abwärtsgeht, handle ich short. Diese Regel klingt einfach und sie soll es auch sein. Um es nochmals zu betonen: Ich möchte den erforderlichen Aufwand zur Umsetzung der vorgestellten Strategien und Handelsansätze weitestmöglich begrenzen und nur solche Hilfsmittel nutzen, die statistisch nachweislich Erfolg versprechen.

Diese Beschränkung erklärt auch, weshalb ich Indikatoren kaum nutze. Die technische Analyse erzeugt meiner Erfahrung nach keinen signifikanten Mehrwert, um ein kleines Konto groß zu traden. Ich stelle diese Behauptung auf, weil ich über viele Jahre hinweg fast alle Indikatoren getestet habe. Mein Problem: Sie messen stets nur die Vergangenheit und geben meiner Ansicht nach nur wenig Aufschluss über die Zukunft. Meine Tests haben ergeben, dass der Handel nach Indikatoren in der Regel Verluste verursacht. Deshalb begnüge ich mich mit einem Blick auf den Chart, um festzustellen, ob sich ein intakter Trend feststellen lässt. Ich möchte jedoch nicht verabsolutieren! Es gibt sicher Kombinationen von Indikatoren, die sinnvoll sind, und es mag Trader geben, die mit ihrer Hilfe Gewinne erwirtschaften. Falls Sie bereits gute Ergebnisse mit Indikatoren erzielt haben, können Sie diese selbstverständlich weiter nutzen. Schließlich ist nichts schlimmer, als ein funktionierendes System aufzugeben. Mein Stil sind sie nicht und ich begnüge mich mit einem markttechnischen Handelsansatz. Gerade Anfänger brauchen sich meiner Meinung nach keine Kenntnisse im Bereich der technischen Analyse anzueignen, wollen sie mit der Strategie aus diesem Buch agieren. Hier geht es ausschließlich darum, mit bestehenden Trends Geld zu verdienen, und auf den folgenden Seiten zeige ich, wie sich Trends für diese Strategie identifizieren lassen, ohne auf technische Indikatoren zurückgreifen zu müssen. Dabei ist es mir wichtig, dass auch Einsteiger Trends gut analysieren können. Sie sollen Aussagen über eine Aktie oder einen Markt sehr schnell und weitgehend zweifelsfrei treffen können. Ein solch einfacher Prozess ist mir auch deshalb wichtig, um die besten Kandidaten aus dem Aktienuniversum mit vertretbarem Aufwand herauspicken zu können. Schließlich handelt es sich immerhin um 500 Werte aus dem S&P-Index und 100 aus dem NASDAQ-Index. Bei einem derartigen Umfang muss die Auswahl praktikabel sein und mit möglichst geringem Zeitaufwand sollen sich diejenigen Aktien identifizieren lassen, die den Index schlagen. Diesen Anspruch habe ich auch für die Strategie »Kleines Konto groß traden«, mein Ziel ist eine überdurchschnittliche Performance.

Stimmen die folgenden Aussagen?

Was brauchen Sie für den Börsenerfolg?

1. Sie sollten wissen, dass Ihre Mitspieler absolute Profis sind, die Fehler gnadenlos ausnutzen.

2. Know-how stellt eine unverzichtbare Grundlage dar, um erfolgreich zu agieren.

3. Sie brauchen viel Zeit und sollten mindestens vier Stunden pro Tag investieren.

4. 5.000 Euro genügen, um in überschaubarer Zeit finanziell unabhängig zu werden.

5. Sie müssen wissen, welcher Trend gerade vorherrscht.

BROKER UND ANDERE DIENSTLEISTER

Eine elementare Voraussetzung für den profitablen Börsenhandel bildet der richtige Broker. Sonst können sehr schnell hohe Kosten auflaufen, die jede Performance zunichtemachen. Oft lockt die Werbung mit niedrigen Kommissionen, das Geld fließt jedoch auf anderen Wegen an den Broker. Manche verstecken die Kosten beispielsweise in einem schlechten Ausführungskurs oder streichen die Slippage[11] stets zu eigenen Gunsten ein. Deshalb sollte niemand nach eventuellen Gastgeschenken entscheiden oder zu sehr auf Tests in Zeitschriften setzen, vielmehr zählen klare Kriterien für die Auswahl. Kurz gesagt benötigen Sie einen Partner und keinen Verkäufer, der Ihnen das Geld mit tausend Kleinigkeiten abnimmt. Dabei sollten Sie durchaus über den Tellerrand schauen. Wer in Deutschland lebt, muss nicht zwingend einen hiesigen Broker auswählen und oft sind US-Anbieter sogar deutlich günstiger als ihre deutsche Konkurrenz. Einen nicht zu unterschätzenden Vorteil bieten ausländische Anbieter auch in puncto Steuer. Anders als deutsche Banken führen sie die Kapitalertragsteuer nicht sofort ab, jeder Depotbesitzer muss erst am Jahresende den Gesamtertrag der vergangenen 12 Monate versteuern. Damit kommt der Zinseszinseffekt zum Tragen. Wo deutsche Anbieter 25 Prozent Kapitalertragsteuer nach jedem einzelnen Trade abführen, können Kunden ausländischer Anbieter das gesamte Jahr damit arbeiten. In diesem Fall fällt die Gesamtrechnung deutlich besser aus. Trotzdem lassen sich keine Pauschalurteile fällen, Sie sollten Ihre Auswahl von Ihren persönlichen Rahmenbedingungen abhängig machen. Folgende Punkte halte ich für wichtig:

- Einlagensicherungsfonds
  Ihr Broker sollte dabei sein, denn er entscheidet darüber, ob Ihr eingezahltes Geld sicher ist. Hierauf kommt es an, weil auch Broker pleitegehen können.

[11] Slippage bedeutet, dass ein Auftrag zu einem anderen Preis ausgeführt wird als erwartet. Dafür verantwortlich sein können zum Beispiel schnelle und volatile Märkte, unfaire Broker oder eine geringe Liquidität.

- Sitz des Brokers/Regulierung
  Länder wie Deutschland, England oder die USA verfügen über ähnlich strenge Richtlinien für Broker. Hier erhalten Sie eine große Sicherheit und Unregelmäßigkeiten lassen sich verhältnismäßig leicht verfolgen.

- Support
  Sollte in einer Sprache verfügbar sein, die Sie verstehen. Auch die Erreichbarkeit zählt – beispielsweise müssen auch in kritischen Situationen Aufträge angenommen werden.

- Handelsplattform
  Stellt Ihr Handwerkszeug dar und muss deshalb die problemlose Abwicklung von Transaktionen erlauben. Kann auch als Informationsquelle und Chartlieferant wichtige Dienste leisten.

- Gebührenstruktur
  Die Kosten jedes Trades spielen eine wichtige Rolle und viele Anleger unterschätzen die Bedeutung der Gebühren. Achtung: Oft sind Gebühren in Spreads[12] versteckt. Bei der Berechnung der Kosten spielt auch die Anzahl der Trades eine wichtige Rolle.

- Mindesteinlage
  Je höher die Mindesteinlage, desto günstiger fallen meist die Gebühren aus. Im Hinblick auf dieses Buch dürfen jedoch nicht mehr als 5.000 Euro erforderlich sein.

- Kreditlimit
  Viele Broker ermöglichen, das Mehrfache der Einlage zu handeln.

- Basiswerte
  Ganz wichtig ist, dass Sie Ihre gewünschten Werte finden – etwa Aktien, Indizes, Rohstoffe, Devisen oder CFDs.

- Ausführungsqualität
  Entscheidet darüber, zu welchem Kurs Ihre Transaktionen ausgeführt werden. Die Kurse Ihres Brokers sollten unbedingt mit den realen Börsenkursen übereinstimmen.

---

[12] Spread nennt sich der Unterschied zwischen Kauf- und Verkaufskurs, die deutschen Fachtermini heißen Geld- und Briefkurs, die englischen bid und ask.

- Mobiler Zugriff
  Gestattet Ihnen beispielsweise, über Tablet oder Smartphone kurz ins Depot zu schauen.

- Demo/Virtuelles Konto
  Vor der Entscheidung für einen Broker erlauben Demoversionen oder virtuelle Konten die Simulation von Trades.

Diese Liste erhebt keinen Anspruch auf Vollständigkeit und die Auswahl eines Brokers hängt letztlich von Ihren individuellen Rahmenbedingungen ab. Vielleicht ist Ihnen der mobile Zugriff völlig egal und Sie handeln ohnehin nur US-Aktien, dann dürfte Ihre Wahl anders ausfallen, als wenn Sie hauptsächlich auf CFDs setzen. Sie sollten Ihre Vorgaben daher genau auflisten und dann überprüfen, welcher Broker am besten zu Ihnen passt. Deshalb kann ich hier auch keine allgemeingültige Empfehlung geben. Nicht vorenthalten möchte ich jedoch die Broker, mit denen ich in den letzten 18 Jahren gute Erfahrungen gemacht habe: CapTrader, Consorsbank, FXFLAT, Interactive Brokers, VITRADE und WH selfinvest. Ob einer der genannten Anbieter zu Ihren persönlichen Vorgaben passt, müssen Sie individuell entscheiden. Vor allem in Bezug auf die handelbaren Märkte ergeben sich spezifische Vor- und Nachteile. Der eine eignet sich mehr für Aktien, der andere ist eher auf Futures oder Forex spezialisiert. Wer dagegen nur selten handelt und gerade mal einen Trade in der Woche absetzt, kann die Brokerauswahl etwas entspannter angehen. Noch mehr: Wer gut mit seiner Hausbank klarkommt und gute Konditionen bekommt, kann eventuell auf einen Wechsel verzichten.

Je nach Broker lohnt zudem ein Blick auf die Kursversorgung. So lassen sich viele Anbieter von CFDs bei Vertragsschluss bestätigen, dass sie die Kurse selbst stellen. Oftmals stimmen diese nicht exakt mit den realen Kursen an den Börsen überein und der Trader kann bei jeder Transaktion einige Cent oder Euro verlieren. Ganz besonders gefährlich ist die Situation meiner Erfahrung nach im CFD-Bereich. So differieren die CFD-Kurse mancher Broker signifikant im Vergleich zu den Originalkursen der Börsen. Während des Auswahlprozesses sollten Sie daher das Kleingedruckte studieren und überprüfen, welche Kurse Ihr favorisierter Broker anbietet. Manche Anbieter liefern verzögerte Kurse, wie sie auch von vielen Finanzplattformen aus dem Internet bekannt sind. Wer Echtzeitkurse beziehen möchte, muss meist monatliche Gebühren dafür bezahlen. Diese bewegen sich zwar meist in verträglichen Regionen, fallen bei kleinen Konten jedoch durchaus ins Gewicht. Allerdings lohnt die Frage, ob Echtzeitkurse überhaupt nötig sind. Wer lediglich auf Tagesbasis handelt, kann in der Regel mit um 15 oder 20 Minuten verzögerten Kursen leben.

Um die Strategie aus diesem Buch umzusetzen, braucht es in der Regel noch weitere Dienstleister als den Broker. Deren Plattformen liefern vor allem die Umgebung für die konkrete Abwicklung der Transaktionen. Neben den korrekten Kursen benötigen Kauf- und Verkaufsentscheidungen jedoch noch weitere Angaben. Dazu gehören beispielsweise die Termine von Quartalszahlen oder Entscheidungen der Notenbanken. Diese spielen eine wichtige Rolle für die Börsen und es ist sinnvoll, sie zu berücksichtigen. Ökonomische Angaben zu allen US-Aktiengesellschaften und einen hervorragenden Screener bietet etwa die Seite finviz.com. Dort lassen sich unter anderem alle Aktien anzeigen, deren Kurse oberhalb des 200-Tage-Durchschnitts und damit zumindest nach diesem Kriterium in einem Aufwärtstrend notieren. Der Screener bietet Hunderte von Kennzahlen und Filtermöglichkeiten. Eine Übersicht über die anstehenden Termine und Nachrichten findet sich auf investing.com, dort kann man beispielsweise die Quartalszahlentermine nach Ländern und Wichtigkeit der Unternehmen anzeigen lassen. Noch eine hilfreiche und ebenso kostenfreie Plattform bietet finanznachrichten.de. In vielen Bereichen reicht jedoch das Angebot des jeweiligen Brokers aus, Sie sollten dessen Qualität allerdings individuell analysieren.

Chartsoftware

Gute Charts sind nötig, weil sie eine zentrale Grundlage für den Handel nach meiner Strategie bilden; sie beruht zu einem großen Teil darauf, Charts zu analysieren. Sie geben Aufschluss darüber, ob ein Trend vorliegt und wohin dieser zeigt. Zudem liefern sie Informationen zu den richtigen Ein- und Ausstiegskursen. Mit ihrer Hilfe müssen Sie zudem geeignete Werte aussuchen und weitere Entscheidungen treffen. Daher ist es wichtig, die geeignete Software zu nutzen, mit deren Hilfe Sie sich ein klares Bild machen können. Der Markt bietet unzählige Lösungen, viele davon sind durchaus brauchbar und erfüllen eine ganze Reihe unterschiedlicher Voraussetzungen. Darauf kommt es an, denn nur wenn die technischen Rahmenbedingungen beim Trading möglichst perfekt sind, können Sie sich voll und ganz auf Ihre Strategie konzentrieren. Stellen Sie daher zunächst die entscheidenden Kriterien zusammen und legen Sie fest, was Ihr Chartprogramm leisten muss. Die folgende Liste erhebt wieder keinen Anspruch auf Vollständigkeit – schließlich müssen die Charts vor allem Ihre Vorgaben erfüllen –, sie nennt jedoch die aus meiner Sicht zentralen Punkte.

- Einfache Bedienbarkeit
  Ermöglicht es, intuitiv und sicher mit der Software umzugehen. Es ergibt selten Sinn, wenn man zunächst dicke Handbücher studieren muss.

- Gute und saubere Chartdarstellung sowie Skalierbarkeit
  Entscheidet darüber, ob die Anzeige leicht zu lesen ist und ob sich Zeiträume und -einheiten wunschgemäß einstellen lassen.

- Screeningmöglichkeiten
  Vor allem wenn es um Aktien geht, kommt es auf funktionierende Screeningwerkzeuge an. Sie ermöglichen, aus der Vielzahl von Werten die interessanten herauszufiltern.

- Mehrere Chartfenster
  Wer Trends verifizieren will, kommt an einem Blick auf unterschiedliche Märkte oder Zeiteinheiten nicht vorbei. Sinnvoll ist es, wenn sich verschiedene Chartfenster auf einem Bildschirm anzeigen lassen und kein Hin- und Herspringen nötig ist. Nur so lässt sich die nötige Konzentration gewährleisten.

- Stabilität
  Die Software darf nicht ständig abstürzen und sie muss auch in kritischen Momenten funktionieren, etwa wenn die Märkte kollabieren.

- Gute Datenanbindung
  Es sollte gewährleistet sein, dass die Software verlässliche Kurse anzeigt und nicht etwa die außerbörslichen Daten einer Bank.

- Anbindung an den Broker
  Sind die Charts an den Broker angebunden, lässt sich direkt aus dem Chart heraus handeln und man hat alles zusammen im Blick.

Sind die genannten Punkte gewährleistet, bietet die jeweilige Chartsoftware gute Voraussetzungen dafür, entspannt und fehlerfrei handeln zu können. Dann kommt es nur noch darauf an, eine sinnvolle Darstellung zu wählen. So sollten Charts weder zu groß noch zu klein skaliert sein. Psychologisch wichtig ist zum Beispiel der Rand. Der Grund: Liegt die Kurslinie ganz oben oder unten, kann sich das menschliche Gehirn nicht gut vorstellen, dass Kurse weiter steigen oder fallen. So kam es in Workshops oder bei Coachings schon öfter vor, dass unglückliche Chartdarstellungen eine psychologische Hemmschwelle bei den Teilnehmern aufgebaut haben. Auf den ersten Blick mag dieser Einfluss unerheblich erscheinen, doch in der Realität legt beispielsweise ein Kurs, der sich am oberen Rand des Bildes befindet, nahe, dass kein weiterer Anstieg zu erwarten ist. Zieht man die Darstellung weiter nach unten, ergibt sich ein völlig anderer Eindruck. Die meisten Chartprogramme verfügen über eine Einstellmöglichkeit, mit dem sich die Abbildung optimal einstellen lässt.

Schlechte Darstellung

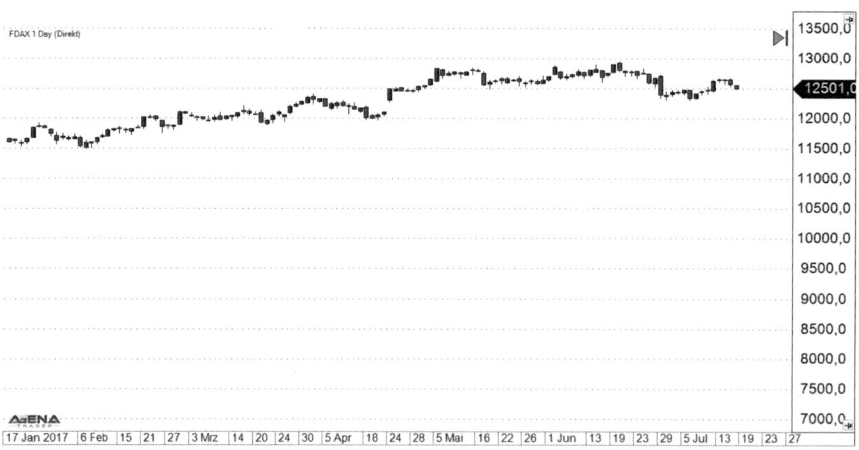

Schlechte Darstellung

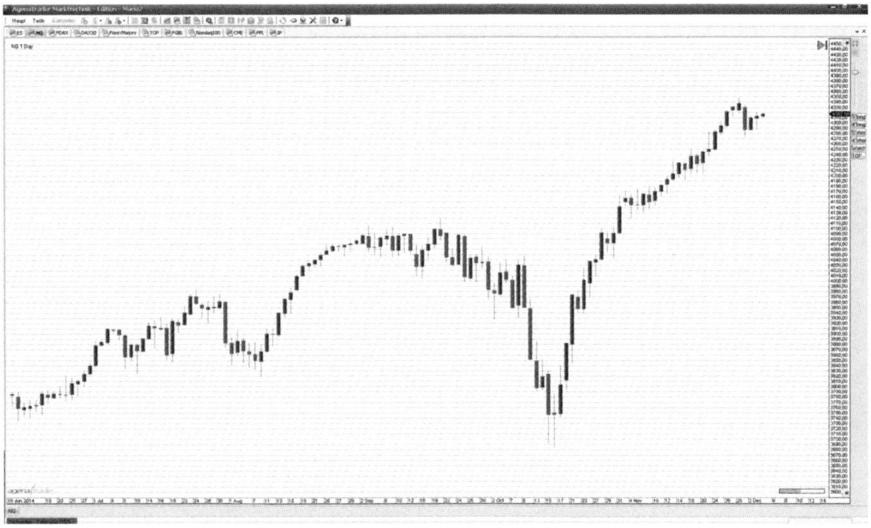

Gute Darstellung mit ausreichendem Raum oben, unten und rechts.
Abbildung 3: Chartdarstellungen

Ist der Kursverlauf dargestellt wie in der letzten Abbildung, bleibt genug psychologischer Freiraum, um sich eine weitere Kursentwicklung in alle Richtungen vorstellen zu können. Sie erleichtert es auch, sich ein gutes Bild vom aktuellen Trend zu machen. Eine sinnvolle Darstellung erlaubt es, die Situation des Underlyings[13] deutlich besser einzuschätzen, als dies bei den schlechten Varianten der Fall ist.

Viele Softwarelösungen enthalten voreingestellte Trendfunktionen – nutzt man diese Funktion, werden Linien oder Formationen eingezeichnet. Ich persönlich nutze derartige Hilfen nicht, der Grund ist ganz einfach: Was die Software anzeigt, wurde vorher programmiert und beruht auf festen Regeln. Ich weiß jedoch im Einzelfall nicht, ob diese Regeln mit meinen eigenen übereinstimmen, und ich kann zudem nicht garantieren, ob die Funktionen der Software immer hundertprozentig stimmen. Ein Beispiel: Wann beginnt eine Korrektur? Müssen drei Korrekturkerzen zu sehen sein oder fünf oder mehr? Braucht es einen bestimmten prozentualen Rücklauf? Wer selbst auf vier setzt und eine Software benutzt, der bereits drei genügen, bekommt Schwierigkeiten. Trends identifiziere ich daher immer manuell. Diese Einschränkung gilt jedoch nur für mich. Haben Sie bereits

[13] Das Underlying meint den Bezugs- oder Basiswert, der einem Kassa- oder Termingeschäft zugrunde liegt. Das Underlying eines Bayer-CFDs ist also die Bayer-Aktie.

gute Erfahrungen mit einer Software gemacht und wissen, dass die Trendanzeigen für Sie von Nutzen sind, sollten Sie diese aufgrund meiner Zurückhaltung nicht einmotten. Allerdings halte ich es für wichtig, dass Sie Trends auch ohne die Zuhilfenahme automatischer Hilfsmittel erkennen können. Genau diese Fähigkeit möchte ich in diesem Buch vermitteln, indem ich viele der zugrunde liegenden Regeln erläutere. Damit werden Sie in die Lage versetzt, die Regeln und Hilfsmittel zu benutzen, die Sie persönlich bevorzugen.

Stimmen die folgenden Aussagen?

Welche Aspekte spielen in die Broker- und Chartauswahl hinein?

1. Der Broker sollte seinen Sitz auf jeden Fall in Deutschland haben.
2. Die Kosten entscheiden mit über die Performance.
3. Die Plattform sollte auch in Krisensituationen sicher funktionieren.
4. Die Kursversorgung spielt eine wichtige Rolle.
5. Die Chartsoftware sollte Ihren Ansprüchen genügen.

Um die genannten Punkte praktisch zu unterfüttern und auch Lesern ohne Charterfahrung einen ersten Einblick zu geben, möchte ich zum Schluss dieses Kapitels noch einige Anbieter kurz vorstellen. Alle habe ich selbst getestet und gute Erfahrungen damit gemacht.

Agena Trader

Diese Software dürfte jedem bekannt vorkommen, der bereits eines meiner Videos angeschaut hat, und sie dient auch als Quelle aller Chartabbildungen in diesem Buch. Ihre größten Vorteile bestehen darin, mehrere Zeiteinheiten parallel anzeigen zu können, und auch die Anbindung an den Broker ist möglich. Damit lässt sich komfortabel aus dem Chart heraus handeln. Besonders hervorzuheben ist die Möglichkeit des Screenings. Zudem wird die Software kontinuierlich weiterentwickelt.

ProRealTime

Diese Software ermöglicht sehr viele Einstellungen und bietet auch die Möglichkeit, aus dem Chart heraus zu handeln. Ein weiterer Vorteil von ProRealTime besteht in der sehr großen Datenhistorie.

Ninja Trader

Eignet sich eher für die Inhaber großer Konten, wer lediglich Futures und Indizes handelt, findet hier jedoch eine sehr gute Alternative. Der Ninja Trader gestattet die Programmierung vieler eigener Funktionen.

Tradesignal

Gibt es als kostenfreie Version und Bezahlversion. Es sind Dutzende von Einstellmöglichkeiten verfügbar, ich habe die Software über viele Jahre selbst genutzt.

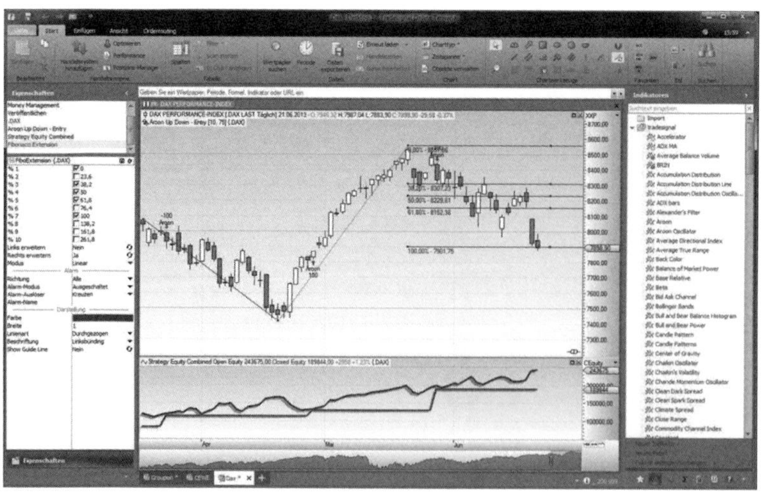

WHS FutureStation

Dabei handelt es sich um eine brokerabhängige Software mit vielen Chartfunktionen. Auch hier ist ein komfortabler Handel aus dem Chart möglich.

TraderWorkstation

Die TWS ist die Handelsplattform von Interactive Brokers und CapTrader, für deren Kunden ist sie daher kostenlos. Auch die TWS bietet unzählige Einstellungsoptionen und die Möglichkeit, direkt aus dem Chart zu handeln.

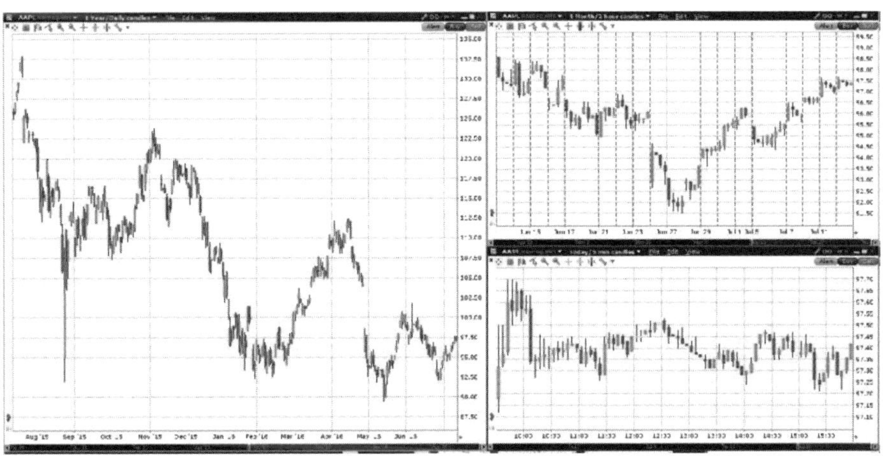

Trade Nr. 2: Adidas (long)

Auch die zweite Transaktion fand bereits am 1. Oktober 2015 statt, angesichts der bereits beim DAX-Trade beschriebenen Saisonalität habe ich nach starken Einzelwerten zum Kauf gesucht und wollte so schnell wie möglich vom jahreszeitlichen Umfeld profitieren. Zudem wollte ich zeigen, dass sich mit vielversprechenden Einzelwerten weit mehr Performance erzielen lässt als mit dem Gesamtmarkt. Das Screening besitzt eine große Bedeutung für mich und bei diesem Screening fiel auf, dass sich zum Beispiel die Adidas-Aktie sehr viel stärker entwickelte als der DAX. Denn wo sich der Index fast am Tiefststand befand, war Adidas bereits seit einigen Wochen um circa 15 Prozent gestiegen. So zeigt der Chart, dass sich schon Ende August ein Aufwärtstrend mit diversen Korrekturen gebildet hatte. In diesem Fall stimmte neben der Saisonalität also auch die markttechnische Sicht. Diese innere Stärke habe ich für das Live-Depot genutzt.

Einstieg

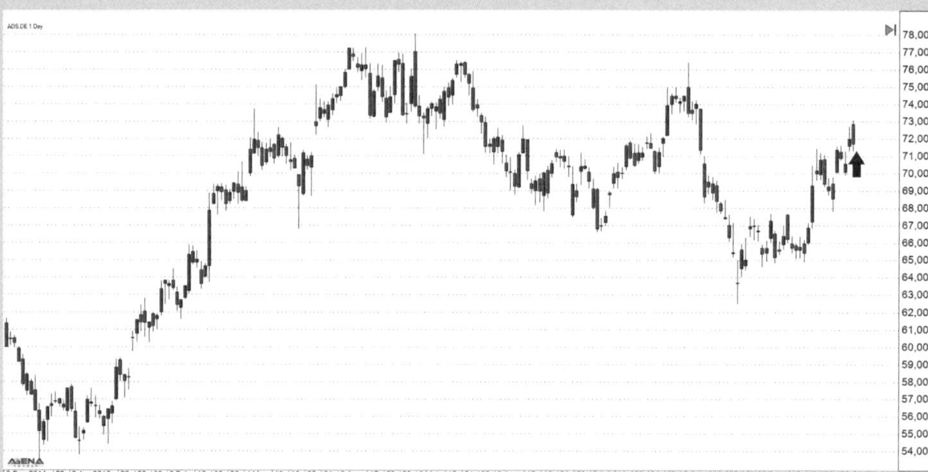

Wert: Adidas, Instrument: Aktie, Ausrichtung: long

Datum	Preis	Stück	Gebühren	Stop-Loss
01.10.2015	72,30 €	13	4 €	100 €

Aufgrund des Stop-Loss von 100 Euro fiel die Positionsgröße hier deutlich kleiner als beim Dax-Trade aus – 940 Euro versus 2.136 Euro. Der Grund: Bei Adidas lag der markttechnisch gebotene Stop-Loss bei circa 65 Euro. Diese Differenz von 7 Euro zum Einstiegskurs ergab die rechnerische Stückzahl von 13 Aktien (13 x 7 ≈ 100). Beim DAX-Trade dagegen betrug die Differenz nur 4 Euro, deshalb die größere Position. Dennoch hatte ich auf das richtige Pferd gesetzt, analog zum Gesamtmarkt stieg auch Adidas in der Folge sehr kräftig und konnte vom Tiefststand im August bei circa 62,50 Euro auf über 80 Euro zulegen – ein Plus von mehr als 30 Prozent gegenüber der DAX-Performance von circa 8 Prozent. Diese Entwicklung bot die Chance, den Stop-Loss stetig nachzuziehen.

Ausstieg

Der Ausstieg wurde nicht per Stop-Loss ausgelöst, ich habe den Verkauf manuell durchgeführt. Dies geschah vor allem vor dem Hintergrund des kräftigen Anstiegs und der damit verbundenen Gefahr eines Rücklaufs. Bereits gemachte Gewinne wollte ich nicht wieder abgeben und so habe ich zwei Verlusttage in Folge genutzt, um die Position zu schließen.

Datum	Preis	Stück	Gebühren	Gewinn
04.11.2015	81,55 €	13	4 €	112,25 €

Mit dem Adidas-Trade wollte ich zeigen, dass eine gute Auswahl von Einzelaktien deutlich mehr Performance ermöglicht als die Partizipation am Gesamtmarkt. In nur fünf Wochen erzielte ich durch gutes Screening gut 11 Prozent Gewinn auf das eingesetzte Kapital. Grundsätzlich bieten sich derart starke Werte auch als Vehikel für Investments an. Wer vielversprechende Aktien über einen längeren Zeitraum halten möchte, findet durch ein gutes Screening die entsprechenden Kandidaten. Deshalb verwundert es nicht, dass Adidas wieder in die Aufwärtsbewegung zurückgekehrt ist. Und so ging's weiter:

Zwar konnte ich bei Adidas nur die Hälfte des Kursanstiegs im vorliegenden Trend nutzen, doch stellen solche Trades den Normalfall dar. Fast nie erwischt man die absoluten Tief- und Hochpunkte.

Realisierte Performance: 112,25 € oder 11,9 %

DIE FINANZVEHIKEL

Wer an der Börse handelt, ist mit einer schier unübersehbaren Menge an Finanzvehikeln konfrontiert. So bietet der Aktienmarkt beispielsweise Tausende von Unternehmen, an denen man per Aktienkauf, also in Form eines Direktinvestments, Anteile erwerben kann. Zusätzlich sind jedoch noch ganz andere Instrumente in diesem Bereich verfügbar. Dazu gehören etwa Futures, CFDs, Zertifikate oder Optionen auf diese Aktie. Welches Instrument mit welcher Strategie zum Einsatz kommt, hängt von den Rahmenbedingungen ab. Ähnliches gilt für Indizes, Devisen und Rohstoffe und in den Live-Trades werden Sie einige konkrete Möglichkeiten kennenlernen, mit denen sich beispielsweise auf eine angenommene Kursentwicklung setzen lässt. Zu den genannten CFDs, Zertifikaten oder Optionen kommen beispielsweise bei Indizes noch ETFs hinzu. Vor allem bei Börsenneulingen dürfte angesichts der genannten Abkürzungen Verwirrung aufgekommen sein. Deshalb möchte ich etwas Licht ins Dunkel bringen.

- Aktien
  Das Prinzip einer Aktie dürfte bekannt sein. Dabei handelt es sich um einen festgelegten Anteil eines Unternehmens. Wer beispielsweise eine Bayer-Aktie kauft, besitzt einen Teil der Firma Bayer. Damit verfügt er über diverse gesetzlich garantierte Rechte.
  Vorteile: Es sind kleine Positionsgrößen handelbar, der Käufer erhält viele Rechte.

- ETFs
  In Privatanlegerkreisen ebenso weit verbreitet sind ETFs (Exchange-Traded Funds). Obwohl Investmentgesellschaften sie ausgeben, lassen sie sich an der Börse zu den üblichen Konditionen kaufen und verkaufen. ETFs sind damit sehr gut handelbar und schlagen in der Regel nur mit sehr geringen Gebühren zu Buche. Am bekanntesten dürften Indexfonds sein, diese bilden etwa den DAX oder den S&P 500 ab.
  Vorteile: Es sind kleine Positionsgrößen handelbar und sie sind meist sehr liquide.

- CFDs
  Beliebt bei Tradern sind zudem CFDs (Contracts For Difference). Dabei handelt es sich um Derivate, ihr Kurs leitet sich von einem Basiswert wie zum Beispiel von Aktien, Indizes, Rohstoffen oder Devisen ab. Wer einen Bayer-CFD kauft, besitzt daher keine Rechte am Unternehmen, er partizipiert lediglich an der Kursentwicklung der Aktie. Oftmals verfügen CFDs über einen Hebel, ihr Kurs bewegt sich beispielsweise 2-, 3- oder 10-fach so stark wie der des Basiswertes. Ihr Handel findet nicht an den Börsen statt, sie sind weniger stark reguliert und ihre Kurse werden zum Beispiel von Brokern gestellt. Meiner Erfahrung nach liefern verschiedene Broker oft auch unterschiedliche Kurse und es ist nur sehr schwer zu erkennen, wie der echte Kurs aussieht. Vor allem bei kurzfristigen Transaktionen ergeben sich damit Probleme.
  Vorteil: Es sind kleine Positionsgrößen handelbar, Eignung für kleine Konten.
  Nachteile: Meist große Spreads und es ist kein direkter Handel über die Börse möglich. Zudem sind häufig Market Maker[14] beteiligt.

- Futures
  Bei Futures handelt es sich um Terminkontrakte. Sie werden an der Börse gehandelt und gestatten, auf die zukünftige Preisentwicklung eines Basiswertes zu spekulieren. Wichtig sind Futures etwa im Rohstoffbereich, große Nahrungsmittelerzeuger sichern sich per Future die Lieferung einer wichtigen Zutat zu einem bestimmten Preis einige Monate im Voraus. Ähnliches existiert im Finanzbereich, per Future lässt sich beispielsweise auf eine bestimmte Kursentwicklung eines Index setzen. Bekannt sind beispielsweise Futures auf den DAX (dann FDAX) oder den S&P 500.
  Vorteile: Transparente Kursfeststellung, sie gestatten einen großen Hebel bei niedrigen Kosten und lassen sich in sehr kleinen Zeiteinheiten handeln.
  Nachteil: Es ist ein großes Handelskonto erforderlich.

- Zertifikate
  Rechtlich gesehen sind Zertifikate Schuldverschreibungen, ihr Käufer kann an einem Börsengeschäft des Emittenten partizipieren. Möglich sind Zertifikate zum Beispiel auf eine oder mehrere Aktien, Indizes oder Strategien. Der Markt bietet eine fast unendliche Anzahl verschiedener Zertifikate und man sollte sich sehr gut auskennen, wenn man hier aktiv werden will. So ist oft-

---

[14] Als Market Maker werden Instanzen bezeichnet, die verbindliche An- und Verkaufskurse stellen, auch wenn kein Handel stattfindet. Meist agieren institutionelle Anleger, Nichtbanken, Kreditinstitute oder Börsenmakler als Market Maker. Sie legen einen Preis fest, zu welchem sie kaufen und verkaufen werden.

mals nicht auf den ersten Blick klar, wann Zahlungen erfolgen, welche Hebel eingebaut sind oder welches Prinzip überhaupt hinter einem Zertifikat steckt.
Vorteile: Es sind kleine Positionsgrößen handelbar und der Handel findet sowohl börslich als auch außerbörslich statt.
Nachteile: Der Emittent kann pleitegehen und die Gebühren können sehr hoch sein.

- Optionen
  Eignen sich vor allem für Kunden mit einem größeren Konto, erfordern jedoch ein umfangreiches Wissen des Traders.
  Vorteile: Gewinnwahrscheinlichkeit beim Verkauf von Optionen oftmals sehr hoch, beim Kauf sind überdurchschnittliche Gewinne möglich. Viele verschiedene Underlyings.
  Nachteile: Beim Kauf von Optionen ist die Gewinnwahrscheinlichkeit eher niedrig. Beim Verkauf von Optionen können die Verluste die Prämieneinnahmen und auch die anfängliche Margin übersteigen.

- Optionsscheine
  Ähnlich wie Zertifikate werden auch Optionsscheine in der Regel von Banken emittiert und vorwiegend von Privatkunden gekauft. Ein Optionsschein berechtigt den Inhaber, einen bestimmten Basiswert zu einem bestimmten Basispreis in einem bestimmten Bezugsverhältnis und innerhalb eines bestimmten Zeitraums zu kaufen (»Call«) oder zu verkaufen (»Put«). In der Regel verfügen Optionsscheine über einen sehr großen Hebel.
  Vorteile: Es sind kleine Positionsgrößen handelbar.
  Nachteile: Der Emittent kann pleitegehen, Kurse werden mitunter nicht gestellt und die Gebühren können sehr hoch ausfallen (Spreads). Die statistische Erfolgswahrscheinlichkeit ist sehr gering.

Die Vorgaben von Einfachheit, Klarheit und auch das Bestreben zur Kostenreduzierung schließen einige Produkte aus dieser Liste bereits aus, zudem verfügen beispielsweise Optionsscheine über derart ungünstige statistische Gewinnaussichten, dass sie nicht für die Strategie in diesem Buch taugen. Ebenso wissen Sie bereits, dass Hebelprodukte meiner Meinung nach nur bedingt dabei helfen, ein kleines Konto groß zu traden. Ohnehin sind spekulative oder exotische Instrumente keineswegs erforderlich, um die angestrebte Rendite von 20 Prozent plus x zu erreichen. Dies gilt umso mehr, als sich derartige Produkte oftmals nicht zu fairen Preisen handeln lassen. Man ist häufig auf emittenteneigene Plattformen angewiesen und Außenstehende wissen nie genau, wie ein Kurs zustande kommt und welcher Spread möglicherweise auftritt. Kurz und gut: Die hier vorgestellten Strategien beruhen vor allem auf Aktien und ETFs, in geringem Maße zudem auf CFDs. Im Hinblick auf das Verhältnis von Kosten und Nutzen sowie auf die Einfachheit stellen Aktien und ETFs sicher die beste Wahl dar.

Zudem sollten Sie bei allen Transaktionen auf die Ausführung zu fairen Preisen achten. Deshalb ist es sinnvoll, nur zu den jeweiligen Börsenzeiten zu handeln. Vorbörslich oder nachbörslich bewegen sich die Volumina auf sehr niedrigem Niveau und es ist keineswegs klar, ob ein Kurs die tatsächliche Marktsituation widerspiegelt. Wer zum Beispiel frühmorgens in den S&P-Future einsteigt, kann kaum abschätzen, wie sich der Handelsbeginn an der Wall Street gestaltet. Solche Trades sind besonders schwer einzuschätzen. Ich bin daher ein Freund der offiziellen Handelszeiten und agiere meist, wenn die Börsen »meiner« Papiere geöffnet sind. In Deutschland handle ich zwischen 9 und 17 Uhr, in den USA zwischen 15:30 und 22 Uhr. Selbstverständlich ist es sinnvoll, vorbörsliche Kurse anzuschauen und sich ein Bild zu machen, wo die Reise hingehen könnte. Damit eröffnet sich die Chance, konkrete Trades zu planen. Doch eingehen sollte man diese erst, wenn auch die anderen Marktteilnehmer anwesend sind. Die größeren Volumina sorgen dann zudem dafür, dass die Spreads auf ihr Normalmaß schrumpfen.

Trade Nr. 3: SVXY (long)

Exakt nach saisonalen Mustern begann im Oktober 2015 ein kräftiger Kursanstieg und mit den Long-Trades Nr. 1 und 2 habe ich bereits darauf gesetzt. Die erwartete Entwicklung trat ein und der S&P 500 stieg bis zum 12. Oktober kräftig an, am 13. erfolgte dann eine Korrektur. Der Chart deutete jedoch darauf hin, dass es danach weiter nach oben gehen würde. Es wäre also möglich gewesen, eine starke Aktie oder den bereits bekannten ETF auszuwählen. Für die dritte Transaktion im Live-Konto wollte ich jedoch eine weitere Handelsvariante vorstellen, diese nimmt einen Umweg über die sogenannte Volatilität. Sie misst – verkürzt ausgedrückt – die Schwankungsbreite eines Marktes. Verschlechtert sich das Börsenumfeld, steigt die Angst in den Märkten und damit die Volatilität. Als Maßstab dafür gilt der Volatilitätsindex VIX; dieser bezieht sich auf die Volatilität des S&P-500-Index und er steigt in der Regel, wenn die Kurse fallen – und umgekehrt. Dies war im September 2015 auch geschehen, der VIX war explodiert. Im Oktober entspannte sich die Lage, die Kurse stiegen und der VIX bröckelte kontinuierlich. Da die Margin-Anforderungen des VIX-Futures die Kontogröße des Live-Kontos überstiegen, habe ich einen ETF für diesen Trade gewählt.

Um auf einen weiteren Kursverfall des VIX zu setzen, muss man normalerweise short gehen. Vielen Tradern bietet sich diese Möglichkeit jedoch nicht und deshalb habe ich nach einem entsprechenden Long-ETF gesucht. Für viele Indizes existieren inverse ETFs – diese steigen, wenn ihr Underlying fällt und umgekehrt. Um auf einen fallenden VIX per Long-Trade zu setzen, eignet sich der Short VIX Short-Term Futures ETF von ProShares (Symbol SVXY). Dieser steigt, wenn der VIX fällt.

Einstieg

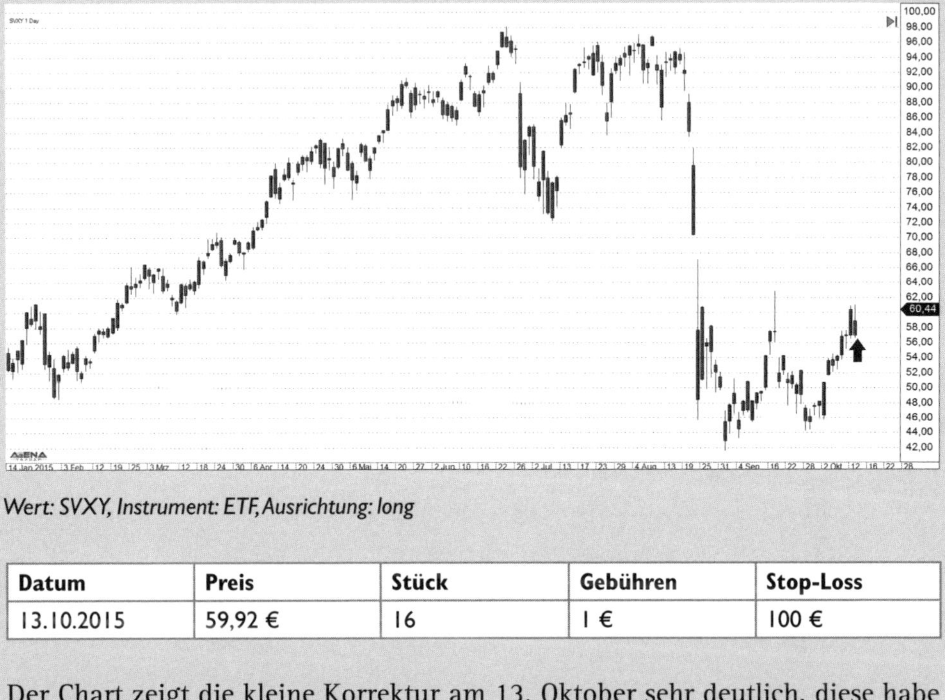

Wert: SVXY, Instrument: ETF, Ausrichtung: long

Datum	Preis	Stück	Gebühren	Stop-Loss
13.10.2015	59,92 €	16	1 €	100 €

Der Chart zeigt die kleine Korrektur am 13. Oktober sehr deutlich, diese habe ich für den Einstieg genutzt. Danach stieg der SVXY wieder an und es war möglich, den Stop-Loss schnell nachzuziehen und die Position damit ins Plus zu bringen. Leider erfolgten der Verfall der Volatilität und damit der Anstieg des SVXY nicht so kräftig, wie ich es erwartet hatte. Angesichts der Konsolidierung habe ich mich entschlossen, die Position bei 63,05 Dollar wieder zu schließen.

Ausstieg

Datum	Preis	Stück	Gebühren	Gewinn
04.11.2015	63,05 €	16	1 €	47,92 €

Der Blick auf die folgenden Tage zeigt, dass die Entscheidung zum Ausstieg goldrichtig war. Der Kurs des ETF kam deutlich unter Druck und hat vom Hochpunkt gemessen fast 20 Prozent verloren.

Realisierte Performance: 47,92 € oder 5,2 %

DER HANDELSPLAN

Bereits im Kapitel über die Voraussetzungen für den Börsenerfolg habe ich das Traden mit dem Unternehmertum verglichen und diese Analogie lässt sich noch weiterführen. So entwirft beispielsweise jedes Start-up einen Businessplan und auch gestandene Unternehmer führen detaillierte Planungen durch, wenn es etwa um ein neues Projekt oder Produkt geht. Ganz ähnlich sollte es vor Engagements an der Börse sein. Wer sich ohne eine klare, schriftlich festgelegte Planung aufs Parkett wagt, mindert von vornherein seine Erfolgschancen und weiß im Zweifelsfall nicht, was er tut. Existiert kein Handelsplan, finden Trades meist nach Gutdünken statt und eine Strategie lässt sich nur schwer erkennen. So gibt es viele Gründe, warum die Erstellung eines Handelsplans unbedingt dazu gehört. Er gewährleistet beispielsweise ein konstantes und organisiertes Handeln, das sich an klaren Regeln orientiert. Auch ist es auf dessen Grundlage erst möglich, einen Trade konsistent zu planen und durchzuführen – der Handelsplan sollte etwa klare Vorgaben für Ein- und Ausstieg enthalten. Die Disziplin mit Handelsplan ist erfahrungsgemäß deutlich höher als ohne. Darüber hinaus sorgt er für nachvollziehbare sowie duplizierbare Trades. Denn schließlich ist dieser Punkt absolut entscheidend: Wer weiß, wann und wie Erfolge sowie Misserfolge zustande gekommen sind, kann diese Erkenntnisse gewinnbringend einsetzen, seine zukünftigen Setups überprüfen und eine detaillierte Fehlerkontrolle durchführen. Wer über einen Handelsplan mit klaren Kriterien verfügt, kann Erfolgsmuster erkennen und immer dann aktiv werden, wenn sie auftreten. Das mag langweilig klingen, sorgt aber für regelmäßige Plus-Trades. Seine vollen Potenziale kann der Handelsplan jedoch nur dann entfalten, wenn man zudem ein Tradejournal führt. Diesbezügliche Vorgaben folgen im nächsten Kapitel und dann es wird auch darum gehen, wie diese beiden Instrumente ineinandergreifen. Zunächst möchte ich jedoch die Inhalte des Handelsplans genauer erläutern.

Zunächst einmal kommt es darauf an, einen individuellen Handelsplan zu erstellen. Es nützt nichts, Inhalte bei anderen Tradern zu kopieren oder gar aus dem Internet herunterzuladen. Der Grund dafür ist ganz einfach: Es ist kaum möglich, derartige Pläne eins zu eins zu übernehmen. Solange der vorgegebene Ablauf funktioniert, entsteht eine trügerische Sicherheit. Kommt es jedoch zu einer Reihe von Fehltrades, lassen sich die Gründe dafür meist nur ansatzweise identifizieren und es fällt zunehmend schwer, den Handelsplan weiterhin einzuhalten. Damit entsteht eine Situation, die geregeltes und strategisches Vorgehen kaum mehr gestattet. Wer sich in einer solchen Lage befindet, spielt eher Lotterie und profitiert nicht mehr von der statistischen Wahrscheinlichkeit einer klaren Strategie. Deshalb ist es wichtig, die eigene Strategie sowie die persönlichen Rahmenbedingungen in einen individuellen Handelsplan zu überführen. Nach meiner Erfahrung entscheidet die Planung über die Erfolgswahrscheinlichkeit des Tradens. Es mag zwar Trader geben, die aus dem Bauch heraus agieren und sogar gute Ergebnisse erzielen, die Beispiele dafür dürften jedoch eher spärlich gesät sein. Deshalb sollte sich jeder auf die Taktik konzentrieren, die in der weit überwiegenden Zahl zum Erfolg führt. Schon alleine die nötigen Überlegungen sowie das schriftliche Niederlegen schaffen die mentale Grundlage für erfolgreiches Trading. Damit ein solcher Handelsplan als gute Voraussetzung für den Tradingerfolg dienen kann, gehören ganz unterschiedliche Punkte hinein. Trotz aller geforderten Individualität möchte ich Ihnen ein Gerüst beschreiben, vor dessen Hintergrund Sie Ihren persönlichen Handelsplan aufstellen können. Los geht es mit den Märkten.

- Die Märkte
  In welchen Märkten soll gehandelt werden? Geht es um Aktien aus den USA oder Deutschland? Sollen ausgewählte Rohstoffe wie Öl oder Gold im Fokus stehen? Liegt der Schwerpunkt auf Währungen oder auf Bonds? Oft empfiehlt sich eine Beschränkung auf bestimmte Märkte, manche Trader haben jedoch auch als Generalisten in sehr vielen unterschiedlichen Märkten Erfolg.

- Die Produkte
  Einen kurzen Überblick über die vorhandenen Finanzvehikel habe ich bereits im letzten Kapitel gegeben, in den Handelsplan gehört die Konkretisierung, welche davon gehandelt werden sollen. Oft zählt hier weniger das Wollen als das Können. Denn je nach Broker oder Kontogröße existieren bestimmte Einschränkungen und beispielsweise Futures lassen sich mit kleinen Konten kaum handeln.

- Werte und Ansätze
  Der Handelsplan sollte auch Auskunft darüber geben, welchen Ansatz man verfolgen möchte. Dabei geht es nicht um konkrete Setups, sondern vielmehr um die grundsätzliche »Traderpersönlichkeit«. Wollen Sie beispielsweise wenige Werte genau kennenlernen und sich darauf konzentrieren? Oder setzen

Sie auf eine breite Auswahl wie auf den NASDAQ 100 und screenen sie regelmäßig?

- Zeiteinheiten
  Die Entscheidung, in welchen Zeiteinheiten man handeln möchte, ist weitgehend Geschmackssache. So mache ich in meinen Coachings immer wieder die Erfahrung, dass Trader ihre eigenen Vorlieben erst herausfinden müssen, und es ist sehr wichtig, sich die Zeit für diese Analyse zu nehmen. Obwohl die geschilderten theoretischen Überlegungen Gefühle ausschließen sollen, können sie hier gute Dienste leisten. Wer beispielsweise von Ängsten geplagt ist, wenn er Positionen über Nacht offen lässt, sollte sich eher auf den Intradayhandel konzentrieren. So hängt die Entscheidung für oder gegen eine bestimmte Zeiteinheit eher vom Typ ab und nicht so sehr von der möglichen Performance. Diese hängt ohnehin von anderen Faktoren ab.

- Handelszeiten
  Dabei geht es nicht um die Öffnungszeiten der jeweiligen Börsen, sondern um das verfügbare Zeitfenster für den Handel. Wer im Beruf steht, ist hier ohnehin eingeschränkt. Wer zum Beispiel nur abends Zeit hat, wird kaum deutsche Aktien handeln können und sollte eher auf die US-Börsen oder andere Märkte ausweichen. Eine wichtige Rolle bei dieser Entscheidung spielt die Liquidität, dazu später mehr.

- Handelsidee
  Vor dem Start beschränken sich die Überlegungen vieler Trader auf die konkrete Handelsidee, die bereits genannten Faktoren fallen dagegen oft unter den Tisch. Dabei stellen Handelsideen oder Setups nur einen kleinen Teil der vorbereitenden Gedanken dar. Über den Erfolg entscheiden sie nur am Rande. Wer alles andere sorgfältig beachtet, kann konkrete Setups umsetzen. Es genügt jedoch nicht, immer einzusteigen, wenn das Setup auftritt. Soll der Einstieg beispielsweise immer bei einem Allzeithoch erfolgen, müssen auch die Rahmenbedingungen dazu passen. Diesen Zusammenhang werde ich beim Thema Trends noch genau beleuchten.

- Voraussetzungen
  Entscheidend ist die Festlegung der Bedingungen, wann gehandelt werden darf und wann nicht. Dazu gehören beispielsweise Regeln wie »Ich handle nur im Einklang mit dem Markttrend« oder »Bei Aktien beachte ich immer die Termine für Quartalszahlen«. Hier hinein gehören zudem Einschränkungen

und Besonderheiten. Wer solche Voraussetzungen beachtet, besitzt statistisch höhere Gewinnchancen als derjenige, der sie ignoriert.

- Tradeverwaltung
  Wer einen Trade eröffnet hat, benötigt genaue Vorgaben, wann und zu welchen Bedingungen er ihn wieder schließt. Auch diese gehören in den Handelsplan. Welche Stopps ziehen Sie ein? Unter welchen Umständen nehmen Sie Gewinne mit? Welche Regeln gelten bei längeren Seitwärtsphasen und welche bei sofortigen Verlusten oder Gewinnen?

- Money-Management
  Dieses Thema folgt ausführlich im Anschluss an dieses Kapitel, Ihre grundsätzlichen Regeln zum Risiko- und Money-Management gehören in den Handelsplan.

- Erfahrungen und Beispieltrades
  Wer Beispiele beifügt, macht Regeln und Vorgaben sehr viel plastischer und besser verständlich. Damit fällt es leichter, konkrete Trades regelkonform durchzuführen und sich deutlich vor Augen zu führen, wie die Mechanismen hinter der eigenen Strategie aussehen.

All diese Überlegungen gehören vor den Beginn des Tradens. Wer stattdessen einfach loslegt, wird eher auf sein Glück angewiesen sein und der folgende Lernprozess kostet in der Regel viel Geld. Daher mein Rat, der sich im Coaching von vielen 100 Tradern bestätigt hat: Erstellen Sie erst Ihren Handelsplan und überprüfen Sie, ob dieser Plan überhaupt Sinn ergibt. Zur Not fragen Sie sich einfach selbst: Wann können Sie erfolgreicher agieren? Wenn Sie vorab die Eventualitäten festgelegt und bei jedem Trade Ihren Handelsplan exakt abgespult haben oder wenn Sie einfach einsteigen und sich überraschen lassen? Die Antwort liegt auf der Hand und es kommt nicht von ungefähr, dass viele Profis auch aus anderen Bereichen mit solchen Plänen oder Checklisten arbeiten. Die Routine vor dem Start eines Flugzeugs heißt ja nicht, dass der Pilot vergesslich ist oder sein Handwerk nicht versteht. Sie dient vielmehr zur Fehlerminimierung und sie steigert die Sicherheit. All das kann sich ein Trader zunutze machen. Selbstverständlich schützt das Handelsjournal nicht derart zuverlässig vor Verlusten, wie es die Checklisten im Flugzeug (zum Glück!) in Bezug auf Unfälle tun. Ohnehin geht es nicht darum, ob im Einzelfall Gewinn oder Verlust entsteht. Entscheidend ist vielmehr, mithilfe der Planung die Gewinnwahrscheinlichkeit zu steigern. Denn gute Planung bildet eine entscheidende Voraussetzung dazu und sie ermöglicht, nur sinnvolle Trades einzugehen. Aus meinen Coachings weiß ich, dass der Einstieg selten Probleme bereitet. Der Druck auf den Kaufen-Button ist kinderleicht. Schwierig wird es erst dann, wenn eine Position offen ist. Welche Regeln gelten? Wie sieht der weitere Ablauf aus? Wer diesbezüglich Klarheit besitzt, wird in der Regel profitabel agieren. Kontrollieren lässt sich das eigene Handeln sehr gut mit einem engen Verwandten des Handelsplans, dem Tradejournal. Beide Dokumente ergänzen sich und sorgen dafür, dass alle Regeln von der Planung bis hin zum Schließen eines Trades eingehalten werden.

DAS TRADEJOURNAL

Acht von zehn Tradern führen meiner Erfahrung nach kein Tradejournal und aus vielen Gesprächen kann ich einen Zusammenhang ganz klar herausarbeiten: Wer kein Tradejournal führt, generiert in der Regel auch selten Gewinne. Umgekehrt gewinnt zwar nicht jeder, der dies tut, die statistische Verteilung ist jedoch signifikant. Wer bislang kein Tradejournal führt, sollte daher sofort damit beginnen. Denn hiermit ist es möglich, aus Fehlern zu lernen. Der Mechanismus dahinter ist relativ simpel: Die meisten Trader nutzen zwei bis vier unterschiedliche Setups für ihre Transaktionen. Je nach Erfolg oder Misserfolg wechselt man und gerade die Anfänger springen erfahrungsgemäß sehr häufig zwischen verschiedenen Ansätzen hin und her. Nur wer genau weiß, welches Setup profitabel ist und wo nur eine Null herausspringt oder sogar Verluste auflaufen, kann gezielt agieren. Vor dem Hintergrund einer genauen Auswertung der eigenen Trades lassen sich Gewinne und Verluste analysieren und die Gründe dafür erkennen. Dabei hilft der bereits vorgestellte Handelsplan. Schwarz auf weiß zeigt sich, ob die Planung (Handelsplan) und die Praxis (Tradejournal) übereinstimmen und ob alle Vorgaben im konkreten Trade eingehalten wurden. Oftmals treten Diskrepanzen auf und immer wieder stellen sich nicht befolgte Regeln als Ursachen für Verluste heraus. Aus diesem Grund besteht ein zentraler Inhalt meiner Coachings darin, Tradejournale auszuwerten. Und vor allem dieser Lerneffekt führt dazu, dass viele Teilnehmer ihre Performance sehr stark verbessern können – meist unter Beibehaltung ihrer Strategien! Deshalb möchte ich nochmals betonen: Auch wenn es schwerfallen mag und lästig ist, führen Sie ein Tradejournal und werten Sie es regelmäßig aus. Es reicht übrigens nicht, nur »besondere« Trades aufzunehmen oder Fehltrades einfach wegzulassen. Eine Analyse lässt sich nur sinnvoll erstellen, wenn alle Transaktionen lückenlos aufgeführt werden. Vergleichen Sie das Trading bitte mit einem Beruf. Nehmen Sie es so ernst, wie Sie Ihre Arbeit ernst nehmen. Denn um nichts anderes handelt es sich: eine Tätigkeit, mit der Sie Geld verdienen wollen.

Es ist sinnvoll, sich eine standardisierte Struktur für das Tradejournal aufzubauen und bei jedem Trade die gleichen Angaben zu notieren. Dies kann im Rahmen einer Excel-Liste geschehen, manche Broker bieten auch Funktionen zur automatischen Generierung entsprechender Journale. Mitunter ist es sinnvoll, zu den Zahlen und Ausführungen auch Screenshots der Charts mit aufzunehmen. Diese erleichtern es im Nachhinein, die Stimmigkeit der Ein- und Ausstiegsmomente nachzuvollziehen. Doch egal welchen Weg Sie gehen, das Tradejournal dient zur lückenlosen Dokumentation und Auswertung Ihrer Trades. Zu den unverzichtbaren Inhalten gehören:

- Wann gehe ich einen Trade ein? (Datum und Uhrzeit)
  Zeigen sich Muster, sind etwa Trades an bestimmten Tagen oder Uhrzeiten nie profitabel?

- Welche Werte trade ich?
  Welchen konkreten Wert handle ich und welche Instrumente (Aktien, CFDs, Futures usw.) kommen zum Einsatz?

- Welches Setup verwende ich?
  Handle ich eher long oder short? Welche Zeiteinheit und welcher Trend dienen als Basis?

- Zeitpunkte
  Wann bin ich zu welchem Preis eingestiegen und wann mit welchem Preis oder Stop-Loss ausgestiegen?

Diese Notizen ergeben selbstverständlich nur dann Sinn, wenn Sie regelmäßige Auswertungen anstellen. Zu meinen Grundsätzen gehört daher, das Tradejournal mindestens einmal im Monat genau anzuschauen. Im Zuge dieser Überprüfung kann ich erkennen, warum und wann Verluste aufgelaufen sind, und sie bietet die Chance, beim nächsten Mal erfolgreicher zu agieren. Ebenso kann ich feststellen, ob der jeweilige Plan tatsächlich aufgegangen ist und sich der Trade nach dem vorausgeplanten Muster entwickelt hat. Zudem lässt sich das Gewinnverhältnis genauer bestimmen: Welchen Betrag habe ich jeweils eingesetzt und wie hoch war der Gewinn dieses Einsatzes? Anhand dieser prozentualen Rechnung lassen sich alle Transaktionen sehr gut vergleichen. Doch sollte mit der Performance noch längst nicht Schluss sein, in ein aussagekräftiges Tradejournal gehören auch die Gebühren. Auf dieser Grundlage lässt sich feststellen, welche Märkte und Zeiteinheiten sehr kostenintensiv sind. Es wird Sie wahrscheinlich überraschen, wie hoch Ihre Gebührenbelastung tatsächlich ist und wie sehr der Gewinn jedes einzelnen Trades dadurch geschmolzen ist. Sinnvoll sind oftmals Screenshots der Charts zum Ein- und Ausstiegszeitpunkt. Damit lassen sich die eigenen Analysefähigkeiten testen und verbessern. Wer Tage oder Wochen später einen zweiten Screenshot anfertigt, kann zudem die weitere Entwicklung der Position analysieren und stellt fest, ob auch der Ausstieg zum richtigen Zeitpunkt erfolgt ist. Damit lässt sich das Stoppsystem sehr exakt überprüfen. Gerade wer 50 oder 100 solcher Screenshots auswertet, findet in der Regel signifikante Muster und kann seine Performance durch bessere Stopps in Zukunft deutlich erhöhen. Ganz besonders wichtig ist es, anhand des Tradejournals die Verlierer auszuwerten. In der Regel haben diese weniger mit dem Setup zu tun als vielmehr mit den konkreten Gegebenheiten. Oft stellt sich dann zum Beispiel heraus, dass nicht alle Voraussetzungen gegeben waren.

Meist zeigt sich im Zuge einer solchen Auswertung auch, welche der eingesetzten Setups den größten Erfolg erzielen und welche eher schwach sind. Fast immer kommt bei dieser Analyse heraus, dass einem zum Beispiel Setup A »mehr liegt« als Setup B. Oftmals lassen sich die Gründe auf den ersten Blick gar nicht genau identifizieren, zumal beide Setups auf plausiblen Regeln beruhen. Eine genaue Analyse der einzelnen Trades kann hier Abhilfe schaffen. Meist sind es nur Kleinigkeiten, die über Erfolg oder Misserfolg eines Trades entscheiden. Da Setup A seinen Erfolg bereits unter Beweis gestellt hat, sollten Sie hier zusätzlich prüfen, ob sich der Gewinn weiter optimieren lässt. Genauso häufig zeigt sich jedoch auch, dass bei einer Strategie immer wieder ähnliche Fehler gemacht werden. Wer diese erkennt und Analysen anstellt, kann in Zukunft sehr viel gezielter agieren und seine Performance deutlich steigern. Vor allem bei Verlusttrades spielt die ausführliche Auswertung eine wichtige Rolle. Diese sollte möglichst mit einem oder mehr Tagen Abstand nach Schließen der Position erfolgen – ganz einfach deshalb, weil erst dann die nötige Distanz vorhanden ist. Sie trägt dazu bei, die Gründe klarer herausarbeiten zu können. Eine sehr ausführliche Form eines Tradejournals stellen die 13 Vorstellungen der Live-Trades in diesem Buch dar. Sie machen auch noch nach Jahren klar, welche Tradeidee bestand, wie sie umgesetzt wurde, und dank der Charts lässt sich auch die markttechnische Situation nochmals überprüfen. Hier folgt nun der nächste Trade aus dem Live-Depot, diesmal geht es um SAP.

Trade Nr. 4: SAP (long)

Analog zum Gesamtmarkt markierte auch die SAP-Aktie im Oktober 2015 einen stabilen Aufwärtstrend, Ende des Monats konnte sie über alte Höchststände bei etwa 71 Euro ausbrechen. Damit legte sie seit ihrem Tiefpunkt um circa 30 Prozent zu, im Vergleich dazu kam der DAX nur auf 16 Prozent. SAP stand also für eine starke Outperformance. Angesichts einer leichten Konsolidierung im DAX und der weiterhin intakten saisonalen Stärke habe ich darauf gesetzt, dass SAP bei einer Wiederaufnahme der Rallye im Gesamtmarkt wieder überdurchschnittlich steigen wird. Eine über fünf Tage andauernde Seitwärtsbewegung im Index habe ich daher als Einstiegspunkt gewählt und bin am 30.10.2016 mit 14 SAP-Aktien long gegangen.

Einstieg

Wert: SAP, Instrument: Aktie, Ausrichtung: long

Datum	Preis	Stück	Gebühren	Stop-Loss
30.10.2015	71,89 €	14	4 €	100 €

Wie erwartet hielt die saisonal bedingte Erholung des Marktes an und auch SAP konnte in den Folgetagen zulegen – leider nicht mehr so stark wie zuvor. Der Blick auf jahreszeitliche Muster zeigt zudem, dass dieser Anstieg meist circa acht Wochen dauert, also bis Ende November. Im Jahr 2015 deutete die weitere Entwicklung der Kurse auf eine Bestätigung dieser Regel, es folgte wiederum eine Konsolidierung. Zudem konnte SAP nicht mehr signifikant über das letzte Hoch von 74 Euro steigen und alles deutete auf ein sogenanntes Doppelhoch des Softwarekonzerns hin. Diese Phase habe ich genutzt, um den aufgelaufenen Gewinn mitzunehmen.

Ausstieg

Datum	Preis	Stück	Gebühren	Gewinn
30.11.2015	74,24 €	14	4 €	24,90 €

Der Blick auf den folgenden Chart zeigt, dass der Ausstieg zum richtigen Zeitpunkt erfolgt ist. Im Dezember konnte SAP die alten Höchststände nicht mehr knacken und die Aktie wurde im Januar von der allgemein schlechten Marktstimmung mitgerissen und verlor in der Folge kräftig an Wert. Auch bei diesem Trade stimmte insbesondere das Timing beim Ausstieg sehr gut.

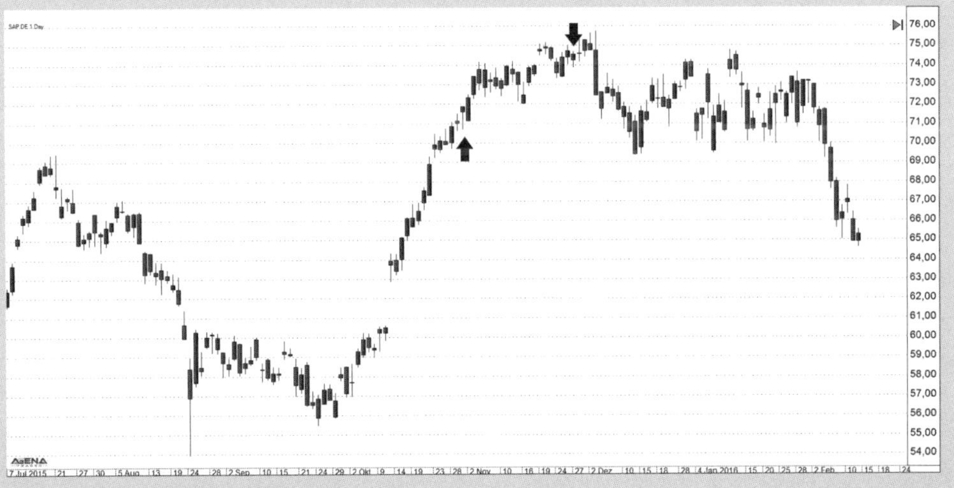

Realisierte Performance: 24,90 € oder 2,47 %

RISIKO- UND MONEY-MANAGEMENT

Wollen Sie an der Börse Erfolg haben, müssen Sie weit über die konkrete Transaktion hinausdenken. Es ist keineswegs damit getan, beispielsweise eine Aktie zu kaufen und auf den Kursanstieg zu warten. Sie sollten beispielsweise festlegen, wann Sie agieren, wie viel Geld Sie einsetzen oder wann Sie eine Position wieder schließen. Die Gestaltung jedes Trades hängt von Ihren persönlichen und finanziellen Rahmenbedingungen ab. Wer Positionsgrößen oder Verlustschwellen einfach nach Bauchgefühl wählt, wird höchstwahrscheinlich Schiffbruch erleiden. Kennen Sie die jeweiligen Risiken nicht oder machen Sie sich keine Gedanken über Stoppmarken, reichen bereits wenige Trades, um das gesamte Konto auszulöschen. Lange vor der ersten Aktion müssen Sie daher beginnen, sich mit Negativszenarien auseinanderzusetzen. Nur wer die Risiken jedes Trades bewusst kalkuliert und weiß, mit welcher Wahrscheinlichkeit sie eintreten, kann das jeweilige Geschäft beurteilen und damit entscheiden, ob es überhaupt sinnvoll ist. Diese Rechnung sollte stattfinden, bevor es beispielsweise an die Auswahl einer vielversprechenden Aktie geht. Sie zeigt genau, welche Positionsgrößen oder Stoppmarken zu wählen sind, um auch bei einer Serie verlorener Transaktionen im Spiel zu bleiben. Denn eines muss Ihnen klar sein: Eine gewisse Anzahl von Engagements wird nicht aufgehen und Verluste können Sie niemals ganz vermeiden. Stattdessen sollten Sie sie von vornherein einkalkulieren und so handeln, dass Sie schlechte Phasen problemlos überstehen. Die wichtigsten Regeln zum Risiko- und Money-Management gehören auch in den Handelsplan, dessen Inhalte und Aufgaben ich bereits beschrieben habe.

Niemand weiß, wie sich die Börsenkurse in der Zukunft entwickeln werden, und diese Ungewissheit muss als Richtschnur beim Handeln dienen. Der Schlüssel zum Tradingerfolg liegt in einem konsequenten Risiko- und Money-Management. Meine eiserne Regel: Ohne ein sinnvolles und funktionierendes Risiko- und Money-Management wird nicht gehandelt. Gerade die Inhaber kleiner Konten sind hier gefragt. Denn wer von 5.000 Euro gleich am Anfang 1.000 Euro verliert, muss zunächst einmal 25 Prozent Plus machen, um überhaupt wieder auf sein Ausgangsniveau zurückzufinden! Beim Risiko- und Money-Management handelt es sich deshalb um elementare Aufgaben jedes Traders. Wer sie ignoriert, zockt ganz einfach. Der Unterschied zwischen einem Trader und einem Zocker im Casino lässt sich an zwei Faktoren festmachen:

1. Der erfolgreiche Trader hat den statistischen Vorteil auf seiner Seite und der Zocker spielt gegen diesen statistischen Vorteil.

2. Der Trader führt ein striktes Money-Management durch.

Um einen statistischen Vorteil zu erhalten, setzen Strategie und Handelsansätze aus diesem Buch auf Trends. Sie agieren so, wie es der Markt derzeit tut, und nutzen schlicht die Wahrscheinlichkeit aus, wonach ein Trend andauert. Wer das oft genug tut und tatsächlich nur in vorteilhaften Situationen handelt, gewinnt statistisch gesehen und langfristig immer. Bedenken Sie bitte, dass es darum geht, den jeweils existierenden statistischen Vorteil zu identifizieren und zu nutzen. Man muss sich also die Gewinnerseite heraussuchen. Das Gegenteil davon lässt sich beim Roulettespiel im Casino besichtigen. Dort liegt der statistische Vorteil stets aufseiten der Bank und aufgrund der Null wird sie langfristig immer gewinnen. Auch wenn ein Spieler über Nacht reich wird: Die übergroße Mehrzahl von ihnen verliert und das Casino verdient sehr viel Geld mit seinem dauerhaften statistischen Vorteil. Insgesamt gesehen haben daher weder Casinos noch die Börse etwas mit Glück zu tun, Erfolg und Misserfolg beruhen auf Statistik. Deshalb bietet der Handelsansatz aus diesem Buch eine sichere Grundlage, um ein kleines Konto groß zu traden – vorausgesetzt, Sie berücksichtigen die Regeln zum Risiko- und Money-Management ohne Wenn und Aber. Selbstverständlich kommt es trotzdem mitunter zu Verlusten, doch diese bleiben stets auf eine vorher festgelegte Höhe begrenzt.

Wer sein Risiko nicht begrenzt, kann theoretisch einen Totalverlust erleiden. Das gilt zum Beispiel im Aktienmarkt, wenn Unternehmen pleitegehen. Deutlich besser sieht es auf der Ebene des Gesamtmarkts aus. So wird der DAX kaum auf null fallen, schließlich sind Dividenden enthalten und die Unternehmen besitzen einen inneren Wert. Dieser besteht etwa aus Fabriken, Anlagen sowie Immobilien und macht circa 40 Prozent des Börsenwertes aus. Sichtbar wird dieser Zusammenhang auch bei einem Blick auf die Vergangenheit. Unternehmen wie Siemens oder Bayer haben zwei deutsche Staatspleiten überlebt, ihre Aktien waren zu keiner Zeit wertlos. Diesbezügliche Verlustängste sind daher fehl am Platze.

Die Aufgaben jedes Traders

Nach dieser allgemeinen Einleitung möchte ich nun die Aufgaben der Bereiche Risiko- und Money-Management genauer erläutern. Die erste in meiner Liste heißt, das Risiko jedes Trades zu begrenzen. Niemand sollte also 1.000 oder gar 2.500 Euro der vorhandenen 5.000 Euro riskieren, sondern deutlich weniger. Damit ist gewährleistet, dass die Mittel ausreichen für eine große Anzahl von Transaktionen, auch wenn einige davon schiefgehen. Einen Großteil des Pulvers trocken zu halten ist absolut nötig, denn nur wer häufig handelt, macht sich die Wahrscheinlichkeit zunutze. Zur Erinnerung: Die Strategie beruht auf statistischen Grundlagen und deshalb darf das Geld nicht mit zwei Trades verloren gehen. Grundsätzlich lassen sich Risiko- und Money-Management mit einer Wertsicherungsstrategie vergleichen, sie verhindern das zu schnelle Abschmelzen des Kapitals bei Verlusten. Diese Wertsicherungsstrategie begrenzt das Risiko des Gesamtportfolios, indem sie die Größe der einzelnen Handelspositionen diktiert sowie den Betrag begrenzt, der verloren gehen kann. Beim Risiko- und Money-Management handelt es sich also nicht um komplizierte Berechnungen mit vielen Unbekannten, sondern um eine sehr simple Kalkulation. Wer Poker spielt, kennt den Zusammenhang: Man setzt immer nur so viel Kapital ein, dass man mindestens hundertmal dabeibleiben kann.

Ich betone die Bedeutung von Risiko- und Money-Management auch deshalb, weil viele Privatanleger diesen Punkten gar keine Beachtung schenken – zahlreiche Umfragen und Untersuchungen bestätigen diese erstaunliche Erkenntnis. Zur Verdeutlichung: Oft löschen Anfänger ihr komplettes Konto innerhalb eines halben Jahres aus. Und dabei handelt es sich keineswegs um Einzelfälle! Gerade bei CFDs mit großen Hebeln ist der Bankrott häufig programmiert. Illustrieren lässt sich dieser Zusammenhang am besten mit konkreten Zahlen. Die folgende Tabelle zeigt die Folgen, wenn ein Anleger mit einem Kapital in Höhe von 2.000 Euro konstant 100 Euro riskiert und sich ein sogenannter Drawdown einstellt – das kontinuierliche Abschmelzen des Depots aufgrund von Minustrades.

Trade Nr.	Kontogröße (Euro)	Risiko (Euro)
1	2.000	100
2	1.900	100
3	1.800	100
4	1.700	100
5	1.600	100

8	1.300	100
10	1.100	100
15	600	100
20	100	100

Tabelle 3: Auswirkung von Drawdowns

In den Augen vieler Trader ist das eingegangene Risiko nicht einmal hoch, schließlich entsprechen 100 Euro nur 5 Prozent des Anfangskapitals von 2.000 Euro. Trotzdem hat sich das Konto nach zehn Verlusttrades halbiert, sofern man an der Positionsgröße festhält. Der Anleger müsste also 100 Prozent Performance machen, um wieder auf das Niveau seines Startkapitals zurückzukommen. Noch dramatischer sieht es nach 20 verlorenen Aktionen aus, dann wäre das komplette Geld weg. Doch sind derart viele Verlusttrades in Folge überhaupt möglich? Leider ja, die langfristig positiv ausfallende Statistik kommt bei einer geringen Anzahl wie etwa bei 20 mitunter nicht zum Tragen. Wer von ihr profitieren will, braucht zwingend eine ausreichend große Stichprobe und diese lässt sich nur bei einem begrenzten Risiko sicherstellen. Wie eine bessere Risikosteuerung aussehen kann, zeigt die nächste Tabelle. Hier wird kein fester Betrag gewählt, das Risiko beträgt stattdessen stets 1 Prozent der verfügbaren Depotsumme – bei jedem Trade wird nur 1 Prozent des aktuellen Kontostandes riskiert.

Trade Nr.	Kontogröße (Euro)	Risiko (Euro)
1	2.000,00	20,00
2	1.980,00	19,80
3	1.960,20	19,60
4	1.940,60	19,40
5	1.912,20	19,20
8	1.864,10	18,60
10	1.827,00	18,30
15	1.737,50	17,40
20	1.652,30	16,50

Tabelle 4: Auswirkung von Drawdowns 2

Nach zehn Minustrades beträgt der Gesamtverlust nur 9,56 Prozent, beim ersten Beispiel war zu dieser Zeit bereits die Hälfte des Kontos weg. Selbst nach einem Drawdown von 20 Transaktionen befinden sich immer noch mehr als 1.600 Euro im Depot, ein Gesamtverlust von gerade einmal 18,21 Prozent. Damit ist weiterhin ein sinnvoller Handel möglich, im Unterschied zum Totalverlust in Beispiel eins. Die zweite Tabelle zeigt zudem, dass Sie Positionsgröße und Risiko vor jedem Trade und je nach Veränderung der Kontogröße adjustieren sollten. Haben Sie zuvor gewonnen, dürfen Sie mehr setzen. Haben Sie jedoch verloren, müssen Sie den Einsatz verringern. Diese Anpassung ist nicht bei jedem Cent nötig, aber bei einer signifikanten Änderung der Kontogröße sollten Sie tätig werden.

Die Dramatik eines größeren Einbruchs zeigt sich vor allem an der Vielzahl positiver Trades, die es bis zu einer Rückkehr zum Ausgangsniveau braucht. Weil viele Trader schon mit Verlusten von 50 Prozent zu kämpfen hatten, möchte ich die erforderliche Tradeanzahl verdeutlichen und die Verdopplung eines Betrages vorrechnen. Dies zeige ich anhand des nachstehenden vereinfachten Beispiels mit einem Betrag von 1.000 Euro und mit zwei unterschiedlichen prozentualen Traderisiken. Die Grafik soll Ihnen ein Gefühl dafür vermitteln, wie viele Gewinntrades Sie machen müssen, um einen 50-prozentigen Verlust wieder auszugleichen. Vergegenwärtigen Sie sich bitte, dass Sie nach einem Verlust von 50 Prozent 100 Prozent Gewinn erzielen müssen, um zur Ursprungsgröße zurückzukehren.

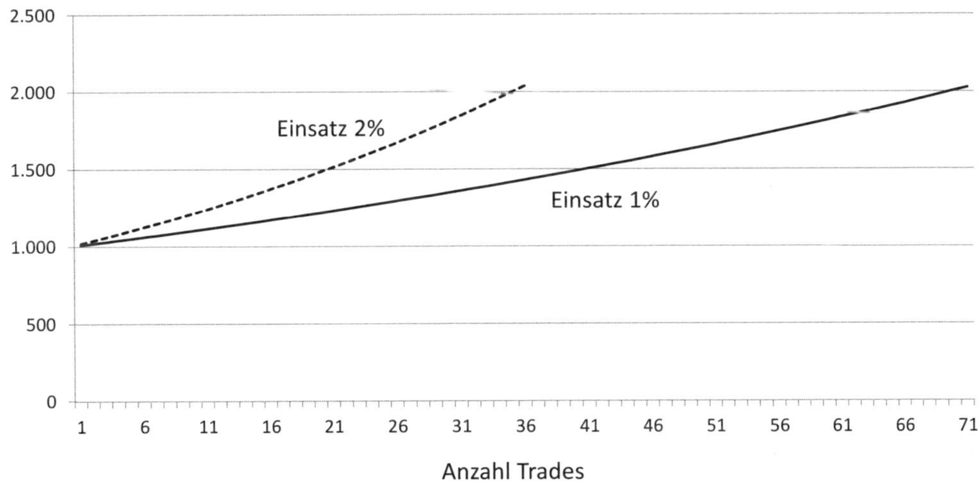

Abbildung 4: Dauer des Verlustausgleichs

Wird nur 1 Prozent pro Trade riskiert, braucht es bei durchschnittlich 1 Prozent Gewinn pro Trade 74 Durchgänge, um wieder das Ausgangsniveau zu erreichen. Wer jeweils 2 Prozent seines Kapitals setzt, benötigt immerhin 37 Runden. Und diese müssen alle positiv enden! Doch wie wahrscheinlich ist es, 37 oder gar 74 Mal hintereinander zu gewinnen? Kaum einem Trader dürfte diese Quote gelingen, auch wenn er ein fast perfektes System besitzt. Die Lehre dieses Rechenexempels ist ganz einfach: Riskieren Sie gar nicht erst, die Hälfte Ihres Kontos zu verspielen. Meine Erfahrung geht noch viel weiter. Wer tatsächlich 50 Prozent verloren hat, sollte gar nicht erst weitermachen wie bisher. Es ist fast unmöglich, diese Lücke zu schließen, und wenn man sein System nicht ändert, dürfte man sein Konto höchstwahrscheinlich ganz auslöschen. Wer dagegen nur bei einem sauberen Trend handelt und die Regeln zum Risiko- und Money-Management beherzigt, kommt meist gar nicht erst in diese Situation. Profis beherzigen diese Regel übrigens konsequent. So agieren die institutionellen Anleger sehr sicherheitsbewusst und begrenzen das Risiko einer Aktion meist auf 0,1 bis zu 0,25 Prozent ihres Gesamtdepots.

Da ein Privatanleger kein Fondsmanager ist und keine fremden Gelder verwaltet, dürfen es jedoch mehr sein als 0,1 Prozent. Nach meiner Erfahrung geben die erwähnten 1 oder 2 Prozent Risiko einen praktikablen Rahmen ab, der sich bewährt hat. Das gilt auch für das beispielhafte 5.000-Euro-Konto aus diesem Buch. 2 Prozent davon zu riskieren heißt übrigens nicht, nur 100 Euro zu setzen. Vielmehr darf das Risiko der offenen Positionen diesen Betrag nicht übersteigen. Sie können also ruhig den Gesamtbetrag investieren – sofern sichergestellt ist, dass Sie nicht mehr als die erwähnten 100 Euro einbüßen. Bei der Risikohöhe kommt noch der Wohlfühlfaktor ins Spiel. Jeder Mensch ist individuell und genauso sind es seine Risikoneigung und seine Psyche. Sie sollten daher in sich hineinhören und überlegen, ob Sie sich mit 1 oder 2 Prozent wohlfühlen. Kommen Sie mit 50 Euro Risiko pro Transaktion gut zurecht oder dürfen es 100 sein? Ich hatte schon viele Coachingteilnehmer mit schwächerer Risikoneigung, die sich bei höheren Verlusten unwohl fühlen. Doch auch mit geringeren Einsätzen funktioniert die Strategie und niemand sollte langfristig gegen seine Gefühle agieren. Deshalb ist es sehr wichtig, das Risiko nach der persönlichen Neigung zu wählen. Die Frage lautet: Welchen prozentualen Verlust können Sie an einem Tag oder in einer Woche verkraften? In der Antwort liegt auch die Lösung zur Berechnung der richtigen Stoppmarken. Wollen Sie bei einem 5.000-Euro-Konto pro Tag zum Beispiel 100 Euro riskieren und jeweils vier Trades machen, ergibt sich ein Risiko von 0,5 Prozent der Kontogröße oder 25 Euro pro Position – 25 mal 4 ergibt die angepeilten 100 Euro. Schließen Sie eine Position, steht der jeweilige Risikobetrag wieder zur Verfügung. Das Gleiche gilt, wenn ein Buchgewinn aufgelaufen ist und der Stop-Loss über den Einstiegspreis gerutscht ist, auch dann ist wieder eine Risikoportion frei. So können also fünf oder sechs Trades offen sein und das Risiko kann dennoch unter den erwähnten 100 Euro liegen. Wie auch immer Ihre persönliche Regel aussieht, sie sollte sich im Handelsplan wiederfinden.

Im Live-Depot habe ich anfangs mit 2 Prozent oder 100 Euro Risiko gehandelt. Meiner Erfahrung nach eröffnet dieser Betrag bei einem kleinen Konto von 5.000 Euro einerseits die Chance auf eine gute Performance, andererseits begrenzt er die Verlustgefahren auf ein akzeptables Maß. Allerdings habe ich dieses Niveau im Lauf der viereinhalb Monate stark verringert, das Marktumfeld zeigte sich nicht mehr so eindeutig wie im Oktober und November 2015. Auch derartige Anpassungen kann ich nur jedem ans Herz legen, denn unsichere Marktphasen erhöhen die Verlustgefahren eminent. Viel besser als starre Schwellen ist ein variabler Risikoappetit. Bieten sich eindeutige Chancen in sehr sauberen Trends, sollten Sie versuchen, möglichst viel zu handeln und zu riskieren. Ist das nicht der Fall, reichen kleine Positionen vollkommen aus. Das gilt umso mehr, weil das Risiko nur begrenzte Rückschlüsse auf den potenziellen Gewinn zulässt. Denn das Ziel muss heißen, mit wenig Risiko große Gewinne zu machen. Läuft eine Position gut, sollten Sie ihr Potenzial so weit wie möglich ausnutzen.

Long und Short

Die bisher dargestellten Risiken und Verlustszenarien ergeben sich bei Long-Strategien und in puncto Risiko existiert ein gewaltiger Unterschied zum Shorten. Wer einen Wert kauft, kann nicht mehr verlieren als seinen Gesamteinsatz. Geht zum Beispiel ein Unternehmen pleite, kann der Kurs der Aktie auf null sinken. Die Investition wäre wertlos. Diese Entwicklung ist zwar tragisch, sie vernichtet jedoch lediglich das Guthaben und nimmt damit nur den eigenen Einsatz. Ganz anders sieht die Situation bei Short-Situationen aus. In diesen Fällen kann theoretisch gesehen unendlich viel Geld verloren gehen. Ein Beispiel: Ich führe einen Leerverkauf von Aktie X durch. Das Papier kommt von 100 Euro, hat sich in einem sauberen Abwärtstrend bis auf 10 Euro verbilligt, die Geschäftsaussichten sind bescheiden und das Management sieht sich mit Korruptionsvorwürfen konfrontiert. Es scheint also nur eine Frage der Zeit zu sein, bis die Pleite kommt. Deshalb entschließe ich mich, beim Wert von 10 Euro short zu gehen und beim Erreichen der 5 Euro zurückzukaufen. Eigentlich eine wunderbare Strategie mit Gewinnaussichten von 50 Prozent. Doch Konkurrent Y hat es auf einige Patente abgesehen und macht plötzlich ein Übernahmeangebot. Der Kurs explodiert. Die Folge ist ein gewaltiges Minus im Depot, weil ich Aktie X für den gestiegenen Kurs zurückkaufen muss. Oft kommen solche Meldungen nach Börsenschluss und es entstehen große Gaps. Es besteht also gar keine Chance mehr, die vor dem oder im Anstieg befindliche Aktie zurückzukaufen. Der erste verfügbare Kurs hat das Übernahmeangebot bereits eingepreist.

Bei Short-Strategien ist das Risiko-Management daher noch wichtiger und leider auch komplizierter. Egal um welches konkrete Vorhaben es geht, im Vorfeld ist eine intensive Analyse des jeweiligen Werts oder Marktes unverzichtbar. Dazu gehört eine statistische Auswertung, die Klarheit über die Wahrscheinlichkeit einer unerwünschten Bewegung bringt. Wäre die gleiche Strategie in dieser Zeit immer profitabel gewesen? Wer beispielsweise im Devisenmarkt unterwegs ist, dürfte viel von der Entwicklung bei Euro und Schweizer Franken gelernt haben. Nach der Entscheidung der Schweizerischen Notenbank Anfang 2016, die Bindung des Franken an den Euro aufzugeben, kam es selbst in diesem sonst eher langweiligen Markt zu großen Verwerfungen und sehr viele Trader haben über Nacht ein kleines Vermögen verloren. Betonen möchte ich in diesem Zusammenhang noch, dass einzelne Aktien größere Risiken bergen als Indizes, sie bieten jedoch auch deutlich größere Chancen. Wo Nachrichten meist einzelne Unternehmen betreffen und deren Kurs signifikant beeinflussen können, springen Indizes wie beispielsweise der NASDAQ selten in gleichem Ausmaß. Ausnahmen sind welt- oder wirtschaftspolitisch einschneidende Ereignisse. Doch auch hier ist stets Vorsicht angesagt, Schwarze Schwäne können durchaus auftreten.

Die Trefferquote

Zum Themenkomplex Risiko-Management lässt sich auch das Bemühen zählen, so oft wie möglich einen Treffer zu landen. Doch selbstverständlich klappt dies nicht immer. Trotzdem ist die Frage nach der voraussichtlichen Trefferquote ausgesprochen wichtig für die Erfolgsrechnung, sie lässt sich jedoch leider gar nicht so leicht beantworten. Grundsätzlich gilt, dass die Strategie aus diesem Buch von circa 50 bis 60 Prozent ausgeht. Etwas mehr als die Hälfte aller Trades verdient Geld, die andere nicht. Deutlich besser fällt diese Relation in eindeutigen Marktphasen aus, etwa bei einer längeren Hausse. In Seitwärtstrends und wenn die Märkte schwanken, sinkt die Quote dagegen auf rund 40 Prozent. Diese Zahlen mögen enttäuschend klingen, doch in der Praxis ergeben die genannten 40 bis 60 Prozent ansehnliche Renditen. Der Grund dafür: Die Trefferquote lässt nur sehr bedingt Aussagen über die Performance zu. Diese hängt vor allem von der Höhe der Gewinne ab. Wer beispielsweise immer doppelt so viel Gewinn erzielt, wie er Verlust macht, kommt auch bei geringer Trefferquote noch immer auf eine überzeugende Rendite. Diese Rechnung lässt sich an einem Beispiel verdeutlichen. Dieses geht von 1 Prozent Risiko und 2 Prozent Gewinn aus – und das alles bei einer Trefferquote von 50 Prozent. Der Einfachheit halber gilt die Annahme, dass die Transaktionen immer abwechselnd gut und schlecht ausgehen. Gestartet wird mit einem Verlust.

Trade Nr.	**Kontogröße (Euro)**	**Gewinn (2 %)**	**Verlust (1 %)**
1	5.000,00		50,00
2	4.950,00	99,00	
3	5.049,00		50,49
4	4998,51	99,97	
5	5098,48		50,98
6	5.047,50	100,95	
7	5.148,45		51,48
8	5.096,96	101,94	
9	5.198,90		51,99
10	5.146,91	102,94	
Summe:	5249,85 Euro		

Tabelle 5: Performance bei einer Trefferquote von 50 Prozent

Diese Tabelle zeigt, dass bereits zehn Trades mit dem genannten Wechsel von Gewinnen und Verlusten eine Gesamtperformance von knapp 5 Prozent erzielen – und das bei einer durchschnittlichen Trefferquote von lediglich 50 Prozent. Verantwortlich dafür ist vor allem die strikte Verlustbegrenzung. Ist diese nicht gewährleistet, entsteht ein ernstes Problem. Denn dann drohen Drawdowns, wie ich sie bereits geschildert habe. Die Trefferquote spielt daher nur eine untergeordnete Rolle in der Rechnung, und wenn sie unter 40 Prozent liegt, müssen die Gewinntrades deutlich mehr Rendite bringen als die 2 Prozent des vorangegangenen Beispiels und die Verluste weiterhin konsequent begrenzt werden. Gelingen beispielsweise 3 Prozent pro geglückter Transaktion und bleibt das Risiko jeweils bei 1 Prozent, reicht sogar eine Trefferquote von rund einem Drittel für eine schwarze Null.

Dazu kommt: Die Trefferquote lässt sich in bestimmten Grenzen beeinflussen, Stichwort Gewinnmitnahmen. Wer aufgelaufene Gewinne realisiert, verhindert damit, dass eine Position aus dem Plus noch ins Minus rutscht. Gilt für Gewinne und Verluste zum Beispiel die gleiche Schwelle von 1 Prozent, steigen die Trefferquoten weit höher als auf die erwähnten 50 Prozent. Allerdings profitiert die Position dann nicht mehr von weiteren Kursanstiegen, Gewinne werden begrenzt. In der Gesamtrechnung wirkt sich diese Beschränkung häufig negativ aus. Im Sinne der geforderten Gewinnmaximierung ergibt es daher keinen Sinn, ein aufgelaufenes Plus schnell zu realisieren. Wichtig ist, die Gewinne im Verhältnis zu den Verlusten zu maximieren. Zudem verbessert sich die Trefferquote, wenn höhere Zeiteinheiten die Basis für das Trading bilden – zu den Zeiteinheiten folgt später ein ganzes Kapitel. Doch enden die Einflussmöglichkeiten auf die Trefferquote an dieser Stelle auch schon und es wird immer wieder vorkommen, dass mehrere Verlusttrades nacheinander entstehen. Die Statistik spricht hier eine klare Sprache, demnach kommt es pro 1.000 Trades einmal zu zehn Verlusten hintereinander. Es gehört mentale Stärke dazu, diese Pechsträhne auszuhalten – zumal die Statistik keine Auskunft darüber gibt, wann sie eintritt und welche Trades dafür verantwortlich sind.

Dennoch ist es wichtig, die eigene Trefferquote genau zu kennen und im Nachhinein überprüfen zu können, unter welchen Voraussetzungen eine Transaktion aufgegangen ist und wann nicht. Bei dieser Aufgabe leistet das Tradejournal gute Dienste, es erlaubt die Analyse jeder einzelnen Aktion. In der Regel stellt man vor diesem Hintergrund zum Beispiel fest, dass die Anzahl der Gewinner in unklaren Märkten stark abnimmt und das Depot meist auf der Stelle tritt oder sogar kleiner wird. Dieser Zusammenhang darf nicht verwundern, schließlich gestaltet sich der Aufbau konkreter Positionen sehr schwierig, wenn sich kein eindeutiger Aufwärts- oder Abwärtstrend erkennen lässt. Wer hier genau hinschaut und Muster entdeckt, kann sein Handelsverhalten verändern und sich bei nicht eindeutig identifizierbaren Trends zukünftig zurückhalten. Durch eine derartige Anpassung lässt sich die Trefferquote erheblich steigern und gerade Einsteiger schaffen oft den Sprung von 40 auf etwa 50 Prozent. Und damit befinden sie sich dann in den Regionen der oben dargestellten Tabelle und verfügen über beste Voraussetzungen, um dauerhaft profitabel zu agieren.

Trade Nr. 5: Amazon (long)

Wie Sie vom Adidas-Trade wissen, lege ich großen Wert auf die Auswahl der vielversprechendsten Einzelwerte. Stets suche ich gezielt nach Aktien, die eine Outperformance im Vergleich zum Gesamtmarkt zeigen. Denn was in der jüngeren Vergangenheit stark war, wird sich aller Voraussicht nach auch in der näheren Zukunft überdurchschnittlich entwickeln. Beim Screening der

NASDAQ100-Aktien Mitte November 2015 erfüllte beispielsweise Amazon diese Kriterien. Wo der Index um circa 13 Prozent gestiegen war, schaffte es die Aktie immerhin auf 40 Prozent – mehr als dreimal so viel! Das erste Kriterium war also erfüllt. Zudem zeigt der Kursverlauf eine saubere Aufwärtsbewegung, sowohl im übergeordneten als auch im untergeordneten Trend.

Einstieg

Wert: Amazon, Instrument: Aktie, Ausrichtung: long

Datum	Preis	Stück	Gebühren	Stop-Loss
17.11.2015	654,16 $	2	1 $	100 $

Der Einstieg ist bei einer kleinen Korrektur erfolgt, das Signal dazu gab die im Chart zu sehende Umkehrkerze – ihre Bedeutung lernen Sie noch kennen. Danach erfolgte sehr schnell ein Ausbruch über das letzte Hoch und damit zeigte sich die Aktie zunächst in einem sehr guten Zustand. Dieser hielt jedoch nicht an, es folgte ein mehrtägiges Hin und Her knapp über der Ausbruchsmarke. Ein solcher Verlauf war zuvor nicht zu sehen, nach Korrekturen konnte Amazon immer sehr schön zulegen. Weil dieses Muster nicht eintrat, habe ich mich entschlossen, die Gewinne bereits nach kurzer Zeit mitzunehmen und die Position zu schließen.

Ausstieg

Datum	Preis	Stück	Gebühren	Gewinn
08.12.2015	660,36 $	2	1 $	10,40 $

Die Performance betrug in diesem Fall zwar nur 1,5 Prozent, aber aus meiner Erfahrung ist es sinnvoll, solche Trades zu schließen, die nicht nach den eigenen Vorstellungen laufen. In diesem Fall lag ich mit dieser Entscheidung goldrichtig, Amazon verlor in der Folge deutlich an Wert und fiel sogar unter meinen Einstiegskurs. Nochmals die zentrale Erkenntnis, die Sie auch bei Ihren Positionen beherzigen sollten: Läuft ein Trade über mehrere Tage hinweg nicht nach Plan, sollten Sie ihn schließen.

Realisierte Performance: 10,40 $ oder 1,5 %

Die richtige Positionsgröße

Wer sein Risiko vorab festlegt, trifft damit auch schon weitreichende Entscheidungen zur Positionsgröße eines Trades. Diese ergibt sich sogar rechnerisch aus dem Betrag, der als maximaler Verlust definiert ist. Zur Erinnerung: Sie wollen bei einem 5.000-Euro-Konto beispielsweise maximal 2 Prozent oder 100 Euro riskieren, dann können Sie diesen Betrag mit unterschiedlich vielen Transaktionen ausreizen. Führen Sie vier Trades durch, ergibt sich ein Risiko von 25 Euro pro Position – 25 mal 4 ergibt die angepeilten 100 Euro. Handeln Sie dagegen nur einmal, stehen Ihnen die vollen 100 Euro als Risikobetrag zur Verfügung. Zudem sollten Sie die Marke selbstverständlich an Ihre Kontogröße anpassen. Wächst das Konto beispielsweise auf 6.000 Euro an, ergeben 2 Prozent 120 Euro, die Sie riskieren können. Doch wie errechnet sich nun die richtige Positionsgröße im Hinblick auf das Risiko- und Money-Management? Die Lösung ergibt sich aus einem Blick auf den Chart und hängt von der Position der Stop-Loss-Marken ab. Wie diese charttechnisch gesetzt werden, kommt im Trendkapitel zur Sprache, an dieser Stelle soll es lediglich um die Bedeutung des Stop-Loss zur Berechnung der Positionsgröße gehen. In diesem Zusammenhang maßgebend ist der Abstand des Stop-Loss vom Einstandskurs. Befindet sich die Stoppmarke 10 Euro unter dem Einstandskurs und sollen 2 Prozent von 5.000 Euro pro Trade riskiert werden, ergibt sich ein Kaufvolumen von zehn Aktien: 10 Euro mal zehn Stück ergeben 100 Euro. Analog könnte man bei einem Abstand von 5 Euro 20 Stück erwerben. Derart runde Abstände, die zudem einen genauen Teiler des Gesamtrisikobetrags darstellen, wird es in der Realität selten geben. Vielmehr dürften krumme Ergebnisse mit Nachkommastellen herauskommen. In diesem Fall ist es aus Risikogesichtspunkten sinnvoll, die Zahl abzurunden. Ergibt sich beispielsweise 7,6, bleibt Luft für den Kauf von sieben Stücken. Erläutern lässt sich diese Rechnung an einem konkreten Beispiel, hier an Amazon.

Abbildung 5: Berechnung der Positionsgröße

In der Abbildung gut zu sehen ist die Tradeidee: Beim Durchstoßen des alten Hochpunktes (551,54 Dollar) soll der Einstieg erfolgen, beim letzten Tief (487,79 Dollar) ergibt sich aus markttechnischen Gesichtspunkten der initiale Stop-Loss, und wenn die Aktie erwartungsgemäß weiter steigt, wird dieser nachgezogen. Das Risiko jeder einzelnen Amazon-Aktie beläuft sich damit auf 63,75 Dollar. Mit diesem Betrag lässt sich nun die Portionsgröße leicht ausrechnen: Die festgelegten 2 Prozent oder 100 Euro Risiko reichen aus, um 1,57 Amazon-Aktien zu kaufen. Halbe Aktien sind nicht erhältlich, so muss der Käufer also zwischen 1 und 2 wählen. Diese Rechnung lässt sich analog für jede Transaktion durchführen. Wer eine Position eröffnen will, sollte das Ergebnis aus Risikogesichtspunkten abrunden. Bei 1,57 kauft man eben nur eine Aktie und nicht zwei. Diese Sicherheit rechnet sich auch deshalb, weil die Ordergebühren bei kleinen Stückzahlen sinken und sich die Gefahr von Gaps minimieren lässt. Wichtig ist es, Ein- und Ausstiegsmarken optimal am Chartverlauf auszurichten und damit das bestmögliche Chancen-Risiko-Verhältnis zu erzielen. Zudem verdeutlicht das Rechenexempel, dass der Abstand zwischen Einstieg und Stop-Loss extremen Einfluss auf die Positionsgrößen und damit die mögliche Performance nimmt. 10 Prozent Stopp wie im obigen Beispiel sind damit sehr ungünstig. Je geringer der Abstand von Einstiegskurs und Stop-Loss, desto besser ist es aus Risikoaspekten und damit auch im Hinblick auf die mögliche Performance. Allerdings sollte es nicht darum gehen, die Positionsgröße so weit wie möglich zu steigern. Vielmehr muss das Ziel lauten, so viel Gewinn wie möglich zu erzielen.

Leider macht die Praxis hier mitunter einen Strich durch die Rechnung, nicht immer wird eine Order zum angegebenen Stoppkurs ausgeführt. Diese Einschränkung betrifft zum einen illiquide Aktien, bei denen zwei aufeinanderfolgende Kurse auch schon einmal etwas weiter auseinanderliegen können. Wer beispielsweise Aktie XY zu 50 Euro kauft und mit einem Stop-Loss von 49,50 absichert, erhält mitunter erst wieder bei 49,30 Euro einen Kurs gestellt. Der Verkauf zu 49,50 Euro ist damit überhaupt nicht möglich und es kommt statt dem einkalkulierten Verlust von 1 Prozent zu einem entsprechend höheren Minus. Diese Gefahr ist jedoch bei großen Werten meist zu vernachlässigen, die Ausnahme bilden die bereits erwähnten Gaps. Diese können vor allem dann auftreten, wenn Aktien über Nacht im Depot bleiben. Etwa bei schlechten Nachrichten oder ungünstigen Rahmenbedingungen tritt dieser Fall mitunter auch bei großen und liquiden Werten auf. Erinnern Sie sich: Gerade im US-Markt erleben wir Gaps vor allem nach den Quartalszahlen, wenn die Ergebnisse nicht mit den Erwartungen übereinstimmen. So ergibt es durchaus Sinn, Positionen vor diesen sogenannten Earnings zu schließen. Diese und andere Termine finden Sie auf den bereits erwähnten Internetseiten. Ohnehin schadet es nicht, hier auf dem Laufenden zu sein. Oftmals erhalten Aktien nach der Bekanntgabe von Zahlen einen kräftigen Drive und es lassen sich überproportionale Gewinne erzielen.

Doch zurück zu den Positionsgrößen. Wer hier übertreibt, steigert nicht nur sein Risiko, er vermindert mitunter sogar die Gewinnchancen. Was widersinnig klingt, hat einen psychologischen Hintergrund: Die Angst vor Verlusten führt vor allem bei großen Positionen dazu, dass man seine Stopps zu schnell nachzieht. Damit wächst die Gefahr, in einem intakten Aufwärtstrend bereits bei kleinen Korrekturen ausgestoppt zu werden und weitere Kursanstiege zu verpassen. Zudem müssen Entscheidungen zur Positionsgröße nicht dauerhaft Bestand haben und sie sollten sich sogar nach der Kontogröße richten. Zudem ändern sich oftmals die eigenen Präferenzen. Mit zunehmender Erfahrung wächst oder sinkt vielleicht der Risikohunger. Dazu kommen die Einflüsse wechselnder Börsenphasen. Ist das Umfeld sehr stabil, lassen sich höhere Risiken rechtfertigen als bei unklaren Rahmenbedingungen. Doch egal wie die aktuelle Marktsituation aussieht: Es gilt, die Positionsgrößen bei jedem Trade vorab und individuell auszurechnen und dabei alle genannten Faktoren zu berücksichtigen – von den Rahmenbedingungen bis hin zum persönlichen Gefühl. Wer dabei auf eine optimale Balance achtet, schafft gute Voraussetzungen für eine hohe Performance.

Fester und prozentualer Stop-Loss

Bei der Positionsgröße handelt es sich also nicht um eine statische Kennzahl und Sie sollten darüber nachdenken, in welcher Weise sich der Stop-Loss entwickeln darf und welcher Abstand zum Einstieg in Ihrer persönlichen Situation sinnvoll ist. Dabei existieren zwei Berechnungsmöglichkeiten: mittels einer festen Zahl oder prozentual. Wer die anfangs genannten 100 Euro stets beibehält, agiert mit einem festen Stop-Loss, und wer auf 2 Prozent setzt, handelt variabel. Steigt das Konto beispielsweise von 5.000 auf 10.000 Euro, ergeben die 2 Prozent bereits 200 Euro, der verfügbare Einsatz steigt also und damit wird auch die Performance ansteigen. Wichtig ist, dass beim prozentualen Stop-Loss das Risiko nominal ansteigt, jedoch prozentual gleich bleibt. Warum ich diesen klaren Zusammenhang eigens thematisiere? Hier kommt wieder der Wohlfühlfaktor ins Spiel und die Erfahrung zeigt, dass viele Trader ein Problem damit bekommen, ihr Risiko heraufzusetzen – auch wenn das Depot deutlich gewachsen ist. Fragen Sie sich bitte, ob Sie sich mit Ihrem persönlichen Risikobetrag wohlfühlen. Können Sie gut damit leben, wenn sich das Risiko parallel zum Konto entwickelt? Falls ja, sollten Sie auf jeden Fall den prozentualen Stop-Loss präferieren. Dieser sorgt für ein deutlich schnelleres Anwachsen Ihres Vermögens. Wer sich damit unwohl fühlt, sollte eher mit festen Beträgen arbeiten und beispielsweise stets 100 Euro riskieren. Viele erfolgreiche Trader agieren über lange Phasen mit dem gleichen Betrag, auch wenn sie Gewinne einfahren.

Grundsätzlich bereiten hohe Risiken kaum Probleme, wenn die Trades aufgehen. Wer dagegen Minus macht und vielleicht sogar eine schlechte Serie erwischt, kommt oftmals ins Grübeln. In solchen Situationen beginnt man, sein Risiko zu hinterfragen. Ich kenne diese Reaktion aus eigener Erfahrung und angesichts der erwähnten Trefferquote von circa 50 Prozent müssen Sie sich ohnehin darauf gefasst machen, dass das Pendel immer hin- und herschwingt. Diesen psychologisch belastenden Faktor sollten Sie bedenken, wenn Sie Ihr Risiko festlegen und darüber entscheiden, ob Sie dem Auf und Ab des Kontos noch ein Auf und Ab des Stop-Loss hinzufügen wollen. Im Live-Depot habe ich der Einfachheit halber anfangs trotz einer erfolgreichen Serie mit einem festen Stop-Loss von 100 Euro gearbeitet – auch um zu zeigen, dass sich selbst mit risikoaversen Rahmenbedingungen eine überzeugende Performance erzielen lässt. Bei den späteren Trades habe ich diesen Betrag sogar reduziert, die allgemeine Börsensituation wurde immer unsicherer und so war es nur folgerichtig, Vorsicht walten zu lassen. Bei einem steigenden Kontostand zeigt sich jedoch ein großer Vorteil eines fixen Stop-Loss: Das Risiko sinkt prozentual. So schlagen 100 Euro Risiko beim Startniveau von 5.000 Euro zwar verhältnismäßig kräftig zu Buche, ab 10.000 Euro und mehr bewegt sich dieser Betrag dann jedoch in mental gut vertretbaren Regionen. Hat Ihr Vermögen einen nennenswerten Umfang angenommen, werden Sie Ihr Risiko- und Money-Management ohnehin verändern. Das Trading, wie es hier beschrieben ist, dürfte dann nur eine unter vielen Strategien bedeuten. Doch um ein kleines Konto in überschaubarer Zeit groß zu traden, bietet es optimale Chancen.

Trade Nr. 6: Broadcom (long)

Wie die bereits beschriebenen Trades zeigt auch Broadcom einen sauberen Aufwärtstrend. Ganz besonders zu beachten ist der starke Handelstag Ende Mai nach Bekanntgabe von Earnings sowie die folgende, sehr lange andauernde Konsolidierung. Als gutes Zeichen habe ich gewertet, dass dieser Rücklauf bis auf die Niveaus früherer Hochpunkte erfolgte. Am 25. August wurde diese Schwelle getestet, danach kam es jedoch sofort wieder zu einer starken Aufwärtsbewegung. Im Chart eingezeichnet sind der große sowie ein kleiner Trend und die sogenannte Nackenlinie mit den drei Versuchen der Aktie, diese Linie zu knacken. Die Tradeidee ergibt sich aus dem kleinen Trend, der in der Grafik mit den Punkten 1, 2 und 3 eingezeichnet ist, und dem Durchbruch durch die Nackenlinie. Für viele Händler gelten derartige Formationen als Handelssignale, eine Bewegung wird somit nochmals verstärkt. Allerdings kommt es meiner Erfahrung nach bei derartigen Situationen oftmals zu Fehlausbrüchen, deshalb habe ich mehrere Tage gewartet, bis eine Stabilisierung über diesem Niveau sichtbar wurde. Wichtig in diesem Zusammenhang ist die Überlegung, wer nach dem eigenen Einstieg noch aktiv werden soll. Denn wer engagiert ist, bewegt den Kurs nicht mehr. Dies geschieht durch nachfolgende Händler und diese sollten einen Anlass finden, den Kurs in die beabsichtigte Richtung zu treiben. Deshalb gilt: Je mehr Menschen bestimmte Formationen und Anzeichen sehen, desto größer ist die Wahrscheinlichkeit, dass eine beabsichtigte Reaktion erfolgt. Mein Gedankengang war also, von einer sehr offensichtlichen markttechnischen Situation zu profitieren.

Einstieg

Wert: Broadcom, Instrument: Aktie, Ausrichtung: long

Datum	Preis	Stück	Gebühren	Stop-Loss
01.12.2015	55,10 €	20	1 €	100 €

Meine Strategie erwies sich als passend, denn danach hat die Aktie sogar mit einem Gap nach oben eröffnet. Sodann erfolgte eine ähnliche Reaktion wie beim zuletzt beschriebenen Amazon-Trade: Die Aktie konnte keinen signifikanten Ausbruch realisieren, der Kurs verharrte einige Tage in einer Seitwärtsbewegung. Meine Erwartung weiterer Kursgewinne trat nicht ein, nach einer kurzen Korrektur ging es nicht weiter nach oben. Wie beim bereits geschilderten Amazon-Trade habe ich mich deshalb auch hier entschlossen, einen sehr engen Stop-Loss zu setzen.

Ausstieg

Datum	Preis	Stück	Gebühren	Gewinn
14.12.2015	56,87 $	20	1 $	33,40 $

Der Stop-Loss wurde schnell ausgelöst, die Aktie fiel sogar unter das letzte untergeordnete Tief vom 3. Dezember. Damit zeigte Broadcom unerwartete Schwäche und diese ließ nichts Gutes für den weiteren Kursverlauf erwarten. Meine Befürchtungen traten dann auch ein, im Gleichklang mit dem Gesamtmarkt verlor Broadcom ab Anfang Januar kräftig an Wert.

Realisierte Performance: 33,40 $ oder 3,6%

DER TREND

Das folgende Kapitel bildet den Kern dieses Buchs; nur wer Trends erkennt und richtig handelt, wird auf Dauer profitabel agieren. Dazu braucht es jedoch ein wenig Know-how und genau darum geht es auf den folgenden Seiten. Vielleicht klingen einige der folgenden Inhalte etwas theoretisch, ich kann sie Ihnen allerdings nicht ersparen. Schließlich kommt der Börsenerfolg – wie eingangs bereits erwähnt – nicht ohne das nötige Grundwissen. Bei dessen Erwerb helfen Praxiseinheiten. Vor allem Einsteiger sollten daher so oft wie möglich auf konkrete Charts schauen. Sie werden sehen, dass sich viele Inhalte bei einem Blick auf konkrete Charts wie von selbst erschließen. Die wichtigste Regel dürfte ohnehin jedem von Ihnen bewusst sein: Die weltweiten Aktienmärkte bewegen sich in Form von Trends, entweder steigen die Kurse, sie bewegen sich seitwärts oder sie fallen. Eine solche Bewegung hält über einen bestimmten Zeitraum an, dann wechselt ihre Richtung. Diese banale Beobachtung stellt die Grundlage sehr vieler erfolgreicher Handelsstrategien dar und auch meine markttechnische Herangehensweise beruht auf Trends. Verkürzt dargestellt, geht es immer darum, vom jeweiligen Trend zu profitieren. Geht es aufwärts, werden Long-Positionen aufgebaut und bei einer entgegengesetzten Bewegung setzt man auf Short-Strategien. Dieses Vorgehen nennt sich Trendfolge, und damit es funktioniert, müssen zwei Voraussetzungen erfüllt sein: So kommt es erstens darauf an, den Trend korrekt zu bestimmen, und zweitens muss man erkennen, wann er endet. Die erste Erkenntnis hilft bei der Bestimmung von Einstiegs- und die zweite von Ausstiegspunkten. Wer hier richtigliegt, macht Gewinn. Diese Vorgehensweise klingt sehr einfach, in der Praxis trügt der Schein jedoch sehr häufig. So gestaltet sich die korrekte Trendbestimmung mitunter recht schwierig und zudem halten sich die Märkte nicht immer an vermeintliche Trends. Diese Einschränkungen senken jedoch nur die Wahrscheinlichkeit des Erfolgs von Trendfolgestrategien, ihre grundsätzliche Qualität beeinträchtigen sie nur unwesentlich. Wichtig ist allerdings, die Regeln zur Trendfolge in Zusammenhang mit den bereits erläuterten Grundlagen des Risiko- und Money-Managements sowie der Trefferquoten zu sehen. Die jeweiligen Kapitel haben gezeigt, wie sich die negativen Folgen unerwarteter Kursbewegungen begrenzen lassen. An dieser Stelle soll es nun darum gehen, welche Bewegungen sich erwarten lassen. Mit anderen Worten: Ich werde die Eigenschaften von Trends darstellen und erklären, wie sie sich erkennen und nutzen lassen. Dieses Wissen bildet die wichtigste Grundlage, um ein kleines Konto groß zu traden.

Zunächst einmal zeigt ein Trend an, wie sich die Kurse wahrscheinlich weiterentwickeln werden. Diese Wahrscheinlichkeit rührt daher, dass intakte Trends dazu neigen, anzuhalten. Wer beispielsweise S&P 500 oder den DAX über 20 oder 30 Jahre beobachtet, findet nur zwei wirklich gravierende Einbrüche: das Platzen der Dotcom-Blase ab dem Jahr 2000 und der Sturzflug infolge der Finanzkrise ab dem Jahr 2007. Davor, dazwischen und danach ging es – von gesunden Korrekturen abgesehen – stetig aufwärts. Auf jedes Hoch folgte das nächste und Trends dauern sehr lange an. Diese Tendenz spiegelt sich deutlich in der durchschnittlichen Jahresperformance der Börsen wider. Irgendwoher müssen die bereits erwähnten 6 bis 8 Prozent schließlich kommen. Auch vor diesem Hintergrund möchte ich eine Strategie vieler Trader hinterfragen: Ergibt es Sinn, bei Allzeithochs die Gewinne mitzunehmen? Für mich heißt die Antwort ganz klar Nein. Neue Hochs signalisieren weder Ausstieg noch Gewinnmitnahme – im Gegenteil. Der Grund dafür ist ganz einfach, an solchen Punkten existieren keine Verlierer. Jeder ist im Plus, der die jeweilige Aktie besitzt, und es besteht kein Grund, sie zu verkaufen. So zeigt die Entwicklung sehr deutlich, dass viele Unternehmen ein Allzeithoch nach dem anderen produziert haben. Beispiele der letzten Jahre heißen Apple oder Netflix. Daran müssen Sie immer denken, und wenn Ihre Werte das nächste Hoch markieren, sollten Sie daher keinesfalls verkaufen und sich stattdessen über das rechnerische Plus im Depot freuen sowie den Stop-Loss an der richtigen Stelle platzieren. Oftmals kommt ein weiteres Argument für derartige Aktien hinzu: Stehen sie am Allzeithoch und der Index nicht, müssen sie besser sein als der Markt. Die Wahl ist also auf einen sehr guten Wert gefallen.

Trade Nr. 7:VXX (long)

Die übliche Jahresendrallye fiel 2015 aus, die Performance der letzten Long-Trades war dementsprechend enttäuschend. Auch Anfang Januar 2016 war keine Änderung erkennbar und die Vorzeichen der Märkte blieben überwiegend negativ. Ein weiteres Long-Engagement kam nicht infrage, ich musste stattdessen short gehen. Da jedoch vielen Inhabern kleiner Konten diese Möglichkeit fehlt, wollte ich eine entsprechende Strategie ohne das Shorten zeigen. Von dem bereits aus Trade Nr. 3 bekannten VIX wissen Sie, dass man auf einen Anstieg der Volatilität setzen kann, um von fallenden Aktienkursen zu profitieren. Die Tradeidee im Januar 2016 war daher ganz einfach: Ich wollte vom Anstieg des VIX in Bärenmärkten profitieren. Fällt beispielsweise der S&P zügig, steigt dadurch die Volatilität und somit der Wert des VIX. Umgesetzt habe ich die Transaktion mit dem ETF VXX. Dieser profitiert vom Anstieg des VIX.

An den ersten Handelstagen des Jahres fielen die Kurse an den asiatischen Börsen sehr stark, der Handel in Hongkong wurde sogar ausgesetzt. Derartige Entwicklungen beeinflussen in der Regel auch die europäischen und amerikanischen Märkte. Dafür gab es zudem markttechnische Anhaltspunkte, der S&P 500 etwa befand sich innerhalb einer mehrmals getesteten Unterstützungsmarke von 1.960 bis 1.980 Punkten. Werden derartige Marken gerissen, folgt in der Regel ein starker Verfall, befeuert vor allem durch die diversen Stop-Loss-Orders der long-positionierten Marktteilnehmer. So gelangen sehr viele Verkaufsorders automatisch in den Markt und das geschieht auf unterschiedlichen Niveaus hintereinander. Dieses schlechte Marktumfeld wollte ich mir nun auch für »Kleines Konto groß traden« zunutze machen und ich habe daher auf einen Anstieg des VXX gesetzt.

Einstieg

Wert: VXX, Instrument: ETF, Ausrichtung: long

Datum	Preis	Stück	Gebühren	Stop-Loss
06.01.2016	21,85 $	45	1 $	100 $

In der Folge kam es zu der von mir erwarteten Abwärtsbewegung des US-Marktes, der S&P verlor innerhalb weniger Tage circa 6 Prozent an Wert. Damit stieg auch die Volatilität an, sogar um ein Mehrfaches davon. Der VXX konnte in der gleichen Zeit um knapp 15 Prozent zulegen, deshalb nutze ich diesen ETF sehr gerne in fallenden Märkten. Der große Vorteil: Bei fallenden Kursen explodiert die Volatilität förmlich, es lässt sich also in sehr kurzer Zeit sehr viel Geld verdienen.

Ausstieg

Datum	Preis	Stück	Gebühren	Gewinn
14.01.2016	25,15 $	45	1 $	146,50 $

So schnell die Volatilität ansteigt, so schnell fällt sie bei steigenden Kursen in sich zusammen. Die Panik der Marktteilnehmer verflüchtigt sich zügig. Deshalb ist es wichtig, Positionen im VXX zeitnah wieder zu schließen. In diesem Trade geschah dies bereits nach sechs Handelstagen. Dass diese Entscheidung richtig war, zeigt der weitere Verlauf. Nach einem kurzen Anstieg verlor der VXX kontinuierlich an Wert, verglichen mit den früheren Höchstständen.

Realisierte Performance: 146,50 $ oder 14,9 %

Wie sich Trends erkennen lassen

Die zentrale Aufgabe eines markttechnischen Handelsansatzes besteht darin, Trends zu analysieren und zu erkennen, in welche Richtung sich Märkte und Werte entwickeln (werden). Diese Analyse lässt sich mit einem Blick auf den Kurschart durchführen und zum Glück für viele Trader braucht es dafür keine teuren Softwarelösungen oder tief gehende Kenntnisse in Charttechnik. Eine »Basisausstattung« reicht durchaus und diese möchte ich auf den folgenden Seiten vermitteln. Dazu gehört zunächst die Trendbestimmung. Was bedeutet überhaupt Trend und wie lässt er sich identifizieren? Zunächst einmal heißt Trend nicht Einbahnstraße, ein Aufwärtstrend beispielsweise beinhaltet in der Regel auch Korrekturphasen, in denen die Kurse fallen – allerdings in geringerem Ausmaß als die Anstiege. So entstehen die bekannten Zickzacklinien der Kurscharts. Je nach betrachteter Zeiteinheit zeigt sich also eine Vielzahl ganz unterschiedlicher Bewegungen, obwohl es um denselben Markt geht. Worauf ist zu achten? Und wie sind die Handelsaktivitäten vor diesem Hintergrund zu konzipieren? Diese Fragen lassen sich mit einem Blick auf das Thema Trendaufbau beantworten. Er schafft Klarheit darüber, wie sich ein ausgesuchtes Papier in letzter Zeit entwickelt hat, und deutet damit auch an, in welche Richtung es sich wahrscheinlich weiter entwickeln wird. Sind diese Informationen vorhanden, kann ein Trader auf die wahrscheinliche Entwicklung setzen. Um auf den folgenden Seiten mit klaren

Begrifflichkeiten operieren zu können, möchte ich zunächst die unterschiedlichen Bestandteile eines Trends genauer definieren. So nennen sich die zwei gegensätzlichen Verlaufsrichtungen eines Trends Bewegungen und Korrekturen.

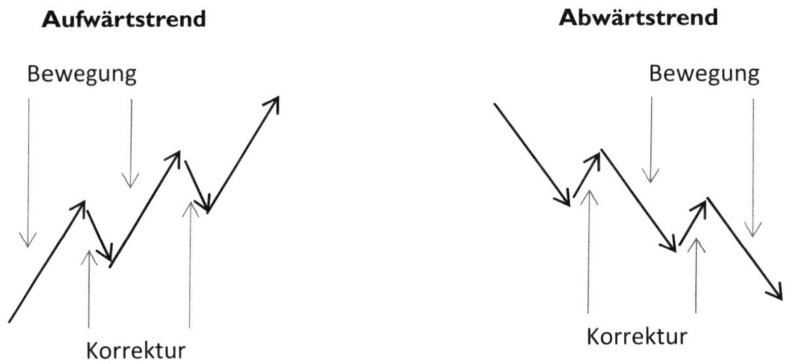

Abbildung 6: Bewegung und Korrektur

Bewegungen gehen also in die »richtige« Richtung und fallen deutlich stärker aus als die Korrekturen. Aus diesem Grund verfügt ein Trend über eine Abfolge steigender und fallender Kurse, er setzt sich stets aus (stärkerer) Bewegung und (schwächerer) Korrektur zusammen. Diese Grundlagen sind übrigens nicht neu, der bereits erwähnte Charles Dow hat sie Ende des 19. Jahrhunderts entwickelt. Was für das Beispiel eines Aufwärtstrends gilt, lässt sich fast analog auf Abwärtstrends übertragen. Auch diese zeichnen sich durch über- und untergeordnete Bewegungen aus. Meist lassen sie sich sogar besser erkennen, da die Abwärtsbewegungen in der Regel sehr viel stärker ausgeprägt sind als Anstiege. So fallen die einzelnen Bewegungen deutlich größer aus und auch die Korrekturen zeigen sich dynamischer, sie sind jedoch von kurzer Dauer. Für einen Trader spielt es grundsätzlich keine Rolle, ob sich die Märkte in Aufwärts- oder Abwärtstrends befinden. Beide Richtungen können mögliche Einstiegspunkte bieten und lassen sich handeln. Wer auf eine Richtung setzt, sollte diese Entscheidung jedoch durchhalten! Es ergibt keinen Sinn, in der Planung auf den übergeordneten Trend zu spekulieren und bei der ersten Korrektur bereits kalte Füße zu bekommen und den Gewinn mitzunehmen. Zur Erinnerung: Damit lässt sich zwar die Trefferquote erhöhen, das Verhältnis von Gewinnen und Verlusten bewegt sich jedoch in eine ungünstige Richtung. Rein mathematisch betrachtet wird sich die Performance dadurch verschlechtern. Verantwortlich dafür sind neben den geringeren Gewinnen auch die Gebühren, denn jeder Kauf und Verkauf kostet Geld.

Geht ein Auf- oder Abwärtstrend zu Ende, entsteht in der Regel eine kürzere oder längere Seitwärtsbewegung. Diese Phasen dauern meist einige Tage, mitunter halten sie auch Wochen an. Erst dann bildet sich wieder ein klar erkennbarer Auf- oder Abwärtstrend. Leider machen diese Seitwärtsphasen einen Großteil der Tradingzeit aus. Egal um welchen Markt es sich handelt, unklare Phasen dauern länger, als viele Trader glauben. Und wenn sich die Märkte seitwärts bewegen, entstehen die typischen Verlustphasen. Seitwärtsphasen eignen sich daher nicht für die Trendfolge! In diesen Situationen lässt sich nicht abschätzen, wie lange einzelne Bewegungen andauern und wie weit sie gehen. So ist es nicht möglich, eine Entwicklung mit hinreichender Wahrscheinlichkeit vorherzusagen. Die Statistik spricht gegen erfolgreiche Trades. In solchen Momenten sollten Sie daher Abstinenz üben. So sehr es auch in den Fingern juckt: Fehlen die Grundvoraussetzungen eines sauberen Trends, ist Aussetzen angezeigt.

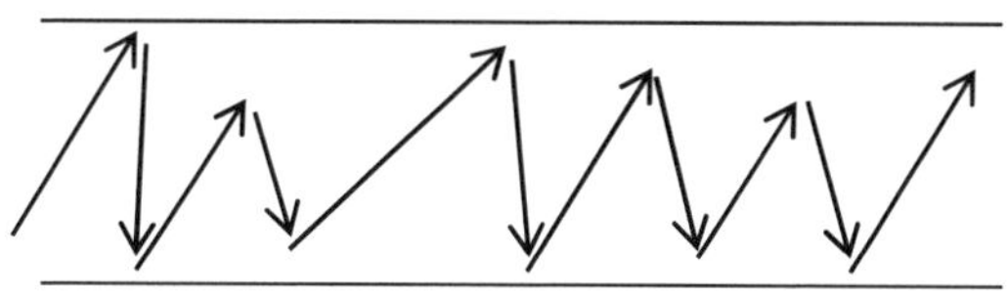

Abbildung 7: Seitwärtstrend

In einem Seitwärtstrend wechseln sich relative Hochs und Tiefs ab.

Wer aussetzt, tut seinem Depot einen großen Gefallen: Er hält den Kontostand stabil, egal ob die Märkte verrücktspielen oder nicht. Zudem hindern derartige Pausen keineswegs daran, ein kleines Konto groß zu traden. Rufen Sie sich bitte die sechs bereits vorgestellten Trades ins Gedächtnis: Alleine im Oktober brachten diese knapp 500 Euro, eine Performance von 10 Prozent also! Rein rechnerisch kann man vor diesem Hintergrund mehr als die Hälfte des Jahres aussetzen und schafft es trotzdem, 40 Prozent Rendite zu erwirtschaften. Dieser Zusammenhang sollte Ihnen stets präsent sein. Sie müssen nicht handeln! Ein Geheimnis überdurchschnittlicher Performance heißt vielmehr, die geeigneten Momente abzuwarten und dann konsequent Chancen zu realisieren. Wer in mehreren Märkten unterwegs ist, kann zudem ausweichen und findet mitunter im Devisenmarkt klare Trends, sollten sie im NASDAQ fehlen. Doch was heißt überhaupt klarer oder sauberer Trend? Diese Frage ist berechtigt, schließlich kann man die Folge von Bewegungen und Korrekturen unterschiedlich interpretieren. Viele Markttechniker nutzen dafür ähnliche Regeln und auch ich nehme die Trendbestimmung anhand sehr einfacher Richtlinien vor. Diese haben sich in meiner mehr als 20-jährigen Praxis bewährt und sie kommen auch bei den Beispieltransaktionen für dieses Buch zum Einsatz. Erläutern möchte ich sie an Auf- und Abwärtstrends:

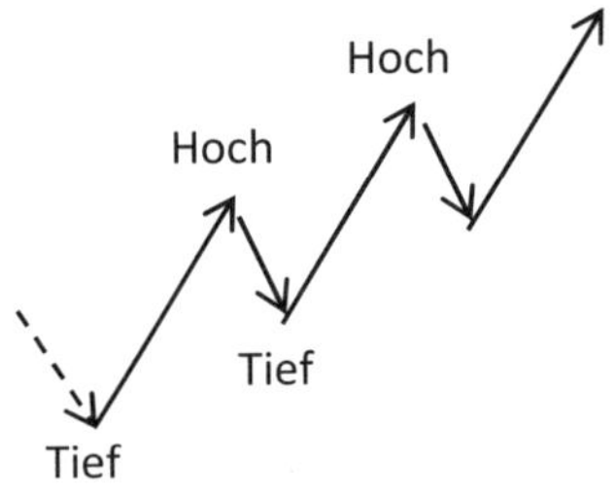

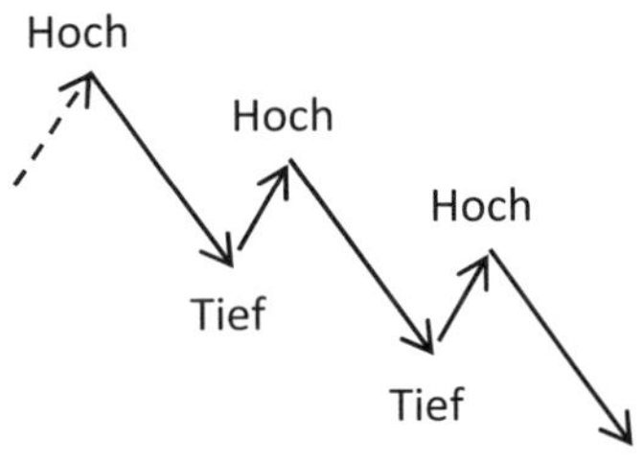

Ein **Aufwärtstrend** hat sich gebildet, wenn ein Chart zwei steigende Hoch- und steigende Tiefpunkte zeigt.

Ein **Abwärtstrend** hat sich gebildet, wenn ein Chart zwei fallende Hoch- und fallende Tiefpunkte zeigt.

Abbildung 8: Ablauf von Trends

Diese Regeln bilden die Grundlage, um einen Trend im Sinne der hier vorgestellten Strategien und Handelsansätze zuverlässig zu erkennen. Steigende Hoch- und Tiefpunkte zeigen deutlich an, dass ein Aufwärtstrend vorliegt. Dieser beinhaltet zwar Korrekturen, die Gesamtrichtung weist jedoch nach oben. Analog zeichnet sich ein sauberer Abwärtstrend durch fallende Hoch- und Tiefpunkte aus. Erst nach jeweils zwei davon handelt es sich mit hinreichender Wahrscheinlichkeit um einen Trend. Geht also beispielsweise eine Seitwärtsphase zu Ende, die Kurse beginnen, aufwärts zu deuten, und Sie spekulieren auf ein günstiges Einstiegsszenario, sollten Sie zunächst auf zwei aufeinanderfolgende steigende Hoch- und Tiefpunkte warten. Ist dieser Moment gekommen, springt die Ampel auf Grün und Sie können grundsätzlich einsteigen. Dabei kommt es darauf an, dass sowohl Hoch- als auch Tiefpunkte der gleichen Richtung folgen. Ist eines dieser Merkmale nicht erkennbar, liegt kein sauberer Trend vor. Steigen also zum Beispiel die Hochs und fallen gleichzeitig die Tiefs, lässt sich kein eindeutiger Aufwärtstrend erkennen. Damit bietet sich auch keine Voraussetzung, um vor dem Hintergrund dieser Strategie einzusteigen. In diesem Fall ist es vollkommen egal, ob man Aktien, Devisen oder Indizes handelt – es fehlt die beschriebene Grundvoraussetzung. Und das gilt sowohl für die Long- als auch für die Short-Seite. Der Grund dafür ist ganz einfach: Es schwinden die Erfolgsaussichten, weil bei Fehlen auch nur einer Grundvoraussetzung die statistische Wahrscheinlichkeit für Gewinne sinkt. Vielmehr deuten unklare Signale darauf hin, dass sich eine Trendwende andeutet oder ein Seitwärtstrend. Und in solchen Phasen verliert man eher Geld, als welches zu gewinnen.

Die Systematik von Trendverläufen endet jedoch nicht bei steigenden oder fallenden Hoch- und Tiefpunkten, es lassen sich noch weitaus mehr Gemeinsamkeiten erkennen. Zum Beispiel verläuft die Korrektur in einem Aufwärtstrend oftmals bis zum Niveau des vorherigen Hochs, die einzelnen Hoch- und Tiefpunkte werden sehr häufig von der nachfolgenden Korrekturbewegung getestet. An diesen Punkten erweist sich dann, ob sich ein Trend bestätigt oder ob eine Umkehr erfolgt. In der Chartanalyse nennen sich diese Punkte P1, P2 und P3. Bei P1 liegt der Trendbeginn, etwa nach Beendigung eines Abwärtstrends. P2 wiederum markiert jeweils die Extrempunkte des Trends und P3 die Niveaus der Korrekturen. Bei einem Aufwärtstrend bezeichnet P2 also die Hochs, beim Abwärtstrend die Tiefs.

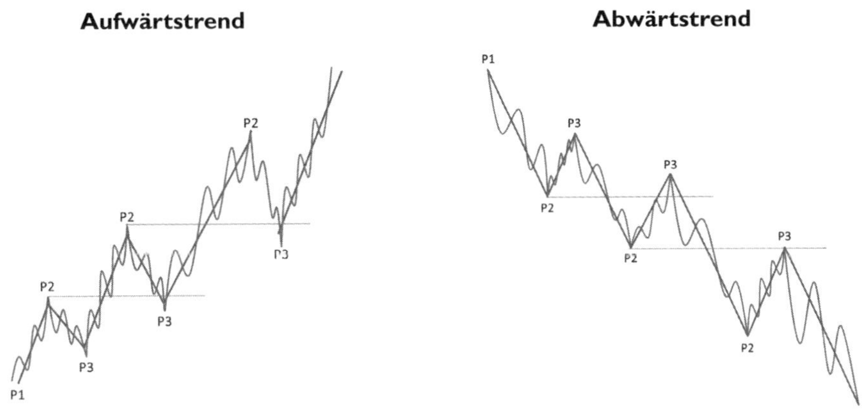

Abbildung 9: Hoch- und Tiefpunkte im Chart

In der linken Abbildung bewegt sich der Kurs nach dem Start der Bewegung bei P1 zu einem ersten Hoch bei P2. Auf diesem Niveau beginnt eine Korrektur bis P3 und die Entwicklung geht danach im selben Muster weiter nach oben. Genau umgekehrt zeigt sich das Bild beim Abwärtstrend rechts. Dort markiert P2 jeweils einen sinkenden Tiefpunkt und jeder P3 einen sinkenden Hochpunkt. Die Trenderkennung nach dieser Systematik klingt sehr einfach und sie ist es auch theoretisch. Allerdings zeigen sich die Bewegungen in der Praxis nicht ganz so deutlich, deshalb geraten viele Trader immer wieder in Schwierigkeiten. In der Realität besteht jede Bewegung aus sehr viel mehr kleinen und undeutlicheren Bewegungen, als die schematischen Darstellungen aus Abbildung 9 glauben machen wollen. Dennoch handelt es sich hier nicht nur um einen theoretischen Idealzustand. Ein mit der schematischen Darstellung durchaus vergleichbares Bild zeigt sich zum Beispiel beim realen Verlauf des S&P 500 über einen sehr langen Zeitraum hinweg.

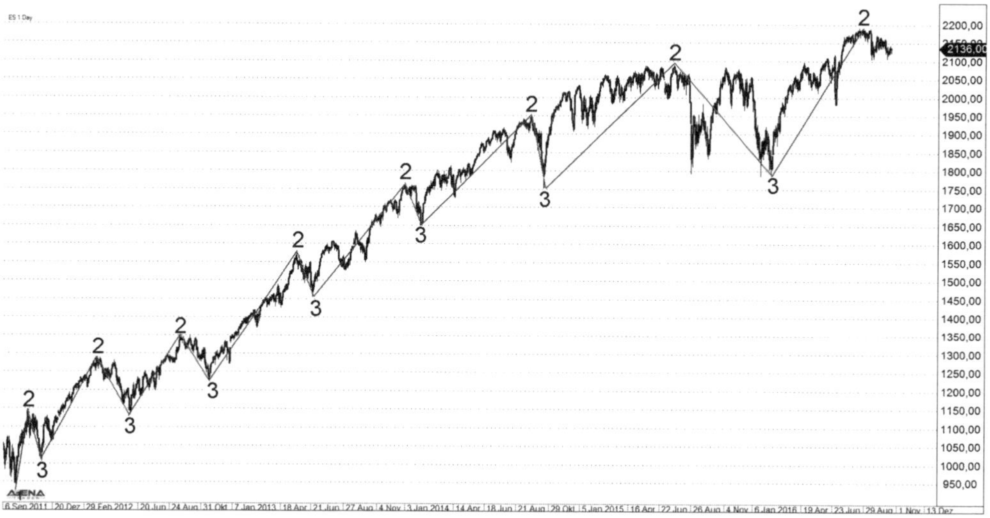

Abbildung 10: Trend beim S&P 500

In der Abbildung sehen Sie den Future auf den S&P 500 von 2011 bis 2016. In diesem Zeitraum zeigte sich eine stabile Aufwärtsbewegung mit diversen Korrekturen. Im Chart sind die entsprechenden Bewegungen mit Linien eingezeichnet und zudem die Punkte P1, P2 und P3. Bis zu diesem Punkt boten sich viele Chancen, auf der Long-Seite zu profitieren, und wer in diesem Markt nach den vorgestellten Regeln handelt, verfügt über einen sehr simplen Ansatz für Erfolg versprechende Transaktionen. Die Strategie lässt kaum Raum für Fehler – abgesehen von psychologisch bedingten Verstößen – und bietet die Chance für die beschriebene Minimierung des Risikos bei gleichzeitiger Maximierung der Gewinne. Schwierig wird es nur dann, wenn man auf untergeordnete Trends oder auf Korrekturen setzt. Diese zeigen sich oft nur undeutlich und sie verlaufen häufig auch nicht so sauber; man sollte die Bewegung daher immer der Korrektur vorziehen. Noch mehr: Korrekturen zu handeln, ergibt selten Sinn. Wer ein kleines Konto groß traden will, sollte daher auf übergeordnete Trends und die dazugehörigen Bewegungen setzen sowie die Korrekturen möglichst »aussitzen«. Auf gut Deutsch: Ist der Markt long, sollten Sie die geeigneten Einstiege für steigende Kurse suchen, und zeigt er sich short, sollten Sie dementsprechend agieren. Diese

Regel möchte ich nicht nur Einsteigern mit auf den Weg geben, auch erfahrene Trader erzielen mit dem Korrekturhandel weit weniger Profit als im Trend- oder Bewegungshandel.

Was für den abgebildeten Aufwärtstrend beim S&P 500 gilt, lässt sich zum größten Teil auf Abwärtstrends übertragen. Auch diese erfolgen in Bewegungen und Korrekturen. Allerdings zeigen sich hier in der Regel sehr viel stärkere Bewegungen, wenn es abwärtsgeht. Es existieren diverse Gründe für diese Unterschiede zwischen Auf- und Abwärtstrends. Beispielsweise kaufen sich sehr viele unterschiedliche Käufergruppen nacheinander bei einem Aufwärtstrend ein. Dazu gehören die Institutionellen, aber auch Privatanleger und Trader in kleinen Zeiteinheiten. So kommt es zu einem kontinuierlichen Anstieg, der sich über vergleichsweise lange Zeiträume erstreckt und aus vielen Quellen gespeist wird. Allerdings resultiert der überwiegende Antrieb dieser Aufwärtsbewegung im Grunde nur aus einer Art der Aktion: Käufer gehen long. Abwärtsbewegungen dagegen werden von sehr viel mehr Akteuren befeuert. Zum Ersten handelt es sich dabei um Short-Positionen, die neu in den Markt gelangen. Dazu kommen ehemalige Long-Positionen, die aufgelöst werden. Des Weiteren lösen bereits bestehende Abwärtsbewegungen Stopps aus und diese gelangen in der Regel unlimitiert in den Markt. Die Folge ist eine weitere Verstärkung des Kurssturzes. Die Dynamik ist also deutlich größer, wenn es bergab geht. Verstärkt werden Einbrüche durch Nachrichten, etwa im Zusammenhang mit Quartalszahlen. Gelangen diese an die Öffentlichkeit, kommt es meist über Nacht zu Gaps – dies kann in einem negativen Umfeld sogar ohne besondere Neuigkeiten in Bezug auf den jeweiligen Wert oder Markt geschehen. In einem Aufwärtstrend werden derartige Lücken dagegen selten ohne Nachrichten auftreten. Ich handle übrigens gerne Abwärtstrends, weil dort in viel kürzerer Zeit sehr viel mehr Geld zu verdienen ist. Dieser Zusammenhang lässt sich zum Beispiel an der Mattel-Aktie im Zeitraum ab Juni 2014 beobachten. Nach Bekanntgabe schlechter Zahlen entstand ein Gap, danach erfolgte ein rasanter Einbruch.

Abbildung 11: Gap und Trend der Mattel-Aktie

So lassen sich Gaps oft als Wegweiser oder Trendbeschleuniger ansehen. Verzeichnen Aktien Gaps nach unten in einem Abwärtstrend des Gesamtmarktes, lauern Chancen für überdurchschnittliche Verluste der betreffenden Werte, und wer hier short geht, trifft häufig eine gute Wahl. Dieser Zusammenhang beleuchtet zudem eine weitere wichtige Regel bei Trends: Eine signifikante Erfolgswahrscheinlichkeit ist nur dann gegeben, wenn sich der Einzelwert im Einklang mit dem Gesamtmarkt bewegt. So hängen die Erfolgsaussichten der hier vorgestellten Strategie eindeutig davon ab, welches Marktumfeld herrscht. Eine Aktie steht selten für sich alleine. Beispielsweise kann ein Unternehmen noch so gute Zahlen liefern oder ständig Erfolg versprechende Produkte entwickeln, bei einem schlechten Umfeld wird sich die Einzelaktie nie ganz der Gesamtstimmung entziehen können. Vielleicht fällt der Absturz nur minimal aus, vielleicht tangiert der Markt das Unternehmen auch gar nicht; die Unsicherheit steigt jedenfalls. Was jedoch klar ist: Die Wahrscheinlichkeit einer Entwicklung nimmt ab, wenn sich der Gesamtmarkt anders darstellt als die Situation einer einzelnen Aktie. Trefferquote, Risiko und mögliche Gewinnhöhe verändern sich zu den eigenen Ungunsten. Deshalb ist es zwingend erforderlich, neben der konkreten Tradingidee bei einem Einzelwert auch den Gesamtmarkt zu beachten. So ergibt es Sinn, zunächst die Indizes auf ihren Verlauf hin zu überprüfen. Zwei Fragen spielen damit eine zentrale Rolle bei der Planung einer Transaktion:

1. Weist die jeweilige Tradingidee einen sauberen Trend auf?

2. Zeigt der Gesamtmarkt den gleichen Trend?

Der Handel verspricht vor allem dann Erfolg, wenn sich der Gesamtmarkt in einem sauberen Trend befindet, dieser auf unterschiedlichen Zeiteinheiten sichtbar ist und wenn sich das gleiche Bild auch im konkreten Einzelwert zeigt. Wer diese Regeln immer im Hinterkopf behält, verfügt über einen in der Praxis bewährten Ansatz, um langfristig eine hohe Performance zu erzielen. Zudem – und das war eine der Grundvoraussetzungen für dieses Buch – eignet er sich sehr gut für kleine Konten. Zeigen sich in NASDAQ, DAX oder anderen Märkten saubere Trends, sollten Sie die darin enthaltenen Einzelwerte ins Visier nehmen. Oftmals bieten diese noch weitaus bessere Gewinnmöglichkeiten als der Gesamtindex. Gezeigt hat sich zudem, dass die Trends bei Einzelwerten deutlich sauberer ausfallen als bei Indizes. So ist es meist sogar leichter, Aktien zu handeln. Wie Sie diese Einzelwerte identifizieren, erläutert das im weiteren Verlauf folgende Kapitel zum Thema Screening.

Um Ihre Entscheidung bezüglich eines Trends zu untermauern, sollten Sie auf ein weiteres Anzeichen für die Verfassung eines Marktes achten; auf die sogenannten exponentiellen, gleitenden Durchschnitte – auf Englisch EMA wie Exponential Moving Average. Dabei handelt es sich um Linien, die den Durchschnittskurs der letzten X Perioden anzeigen. X deshalb, weil sich dieser Durchschnitt für jede Anzahl von Perioden errechnen lässt. Gebräuchlich sind beispielsweise 50, 100 oder 200 Tage. Der 200er EMA bezeichnet den Durchschnitt der Kurse der letzten 200 Börsentage. Führt man diese Berechnung für jeden Börsentag durch, ergibt sich eine Linie parallel zum Börsenkurs. Hilfreich sind die EMA, weil sich mit ihrer Unterstützung die Stärke eines Wertes erkennen lässt. Liegt der aktuelle Kurs unterhalb eines Durchschnitts, spricht dies meist für seine relative Schwäche. Befindet er sich darüber, zeigt sich dieser Wert stark. Vor diesem Hintergrund können die EMA eine wichtige Rolle bei der Trenderkennung und der Einschätzung eines Wertes spielen. Meiner Erfahrung nach besitzt vor allem der 200-Tage-EMA eine hohe Aussagekraft. Meine einfache Regel: Befindet sich der Kurs oberhalb dieses Durchschnitts, wird ein eventuell bestehender Aufwärtstrend unterstützt. Analog gilt die Regel für Abwärtstrends, wenn der Kurs unter den EMA gerutscht ist. Dann neigt ein Markt oder Wert zur Schwäche. Verstärkt wird die Bedeutung der Durchschnitte durch ihre Richtung. Zeigt sie nach oben, deutet dies auf Stärke hin, eine Abwärtsbewegung lässt auf Schwäche schließen. Die Nutzung der Durchschnitte stellt damit die einzige Ausnahme meiner eingangs erwähnten Indikatorenabstinenz dar. Neben anderen Zeichenelementen helfen sie dabei, Trendrichtung und -substanz zu verdeutlichen. Welche Hilfslinien und -elemente sich in einen Chart integrieren lassen, zeigt die folgende Abbildung beispielhaft.

Abbildung 12: DAX-Chart

Im Chart lässt sich die Kursentwicklung des DAX von März 2015 bis Ende Februar 2016 ablesen. Zu sehen ist eine Abwärtsbewegung mit mehreren Hoch- und Tiefpunkten. Um diese zu verdeutlichen, wurden sie mit Linien verbunden. Dabei zeigt sich, dass es sich um sinkende Hoch- und Tiefpunkte handelt. Der Markt befindet sich also in einem sauberen Abwärtstrend. Bestätigt wird dieses Urteil durch den 200-Tage-Durchschnitt. Der Kurs kreuzt diesen Anfang Januar von oben nach unten und verharrt dann darunter. Gut erkennen lässt sich, dass der FDAX unterhalb des EMA 200 jeweils stark an Dynamik gewinnt:

- Erster Pfeil: nach Unterschreiten des EMA 200 und des P2 des Abwärtstrends verliert der DAX 10 Prozent in nur 6 Handelstagen.
- Zweiter Pfeil: minus 8 Prozent in 6 Tagen.
- Dritter Pfeil: minus 12 Prozent in 12 Tagen.

Insgesamt ergibt sich also ein Minus von satten 20 Prozent in nur 30 Handelstagen! Diese Dynamik ist umso eindrucksvoller, wenn wir uns vergegenwärtigen, dass der DAX durchschnittlich nur 6 bis 8 Prozent im Gesamtjahr steigt.

Darüber hinaus habe ich ein weiteres Element in den Chart eingezeichnet, eine sogenannte Unterstützungszone. Diese bezeichnet einen Bereich, den der DAX bereits mehrmals im August und September 2015 sowie im Januar 2016 angelaufen hat. Danach erfolgte jeweils wieder ein Anstieg. Im Februar hat diese Unterstützung jedoch nicht gehalten, der deutsche Markt markierte in der Folge neue Tiefpunkte. Derartige Durchbrüche deuten oft auf eine Beschleunigung bestehender Trends hin. Mithilfe der unterschiedlichen Zeichenelemente kann man gut verdeutlichen, wie sich eine Marktphase darstellt. Vor allem für Einsteiger ist es sinnvoll, die Funktionen der Chartprogramme zu nutzen und derartige Formationen tatsächlich einzuzeichnen. Auch hier gilt: Ein Bild sagt mehr als 1.000 Worte und mit dessen Hilfe lassen sich Aussagen über den aktuellen Trend deutlich besser treffen als ohne zeichnerische Elemente.

Stimmen die folgenden Aussagen?

Woran erkennen Sie saubere Trends?

1. Sie achten darauf, dass im Chart keine Korrekturen zu sehen sind.
2. Sie untersuchen, ob ein Kursverlauf drei steigende oder fallende Hoch- und Tiefpunkte aufweist.
3. Sie versuchen, die Punkte P1 bis P3 zu identifizieren.
4. Sie achten darauf, dass eine Aktie denselben Trend zeigt wie der Gesamtmarkt.
5. Sie zeichnen Linien und andere Elemente in den Chart ein.

Die Chartdarstellung

Um den Kursverlauf des DAX darzustellen, wurde ein sogenannter Candlestick- oder Kerzenchart gewählt. Wo beispielsweise ein Linienchart nur die Schlusskurse der gewählten Zeiträume abträgt und die Bewegungen innerhalb des Tages unter den Tisch fallen lässt, beinhalten Candlesticks deutlich mehr Informationen. Und diese sind meiner Erfahrung nach auch sehr hilfreich, um eine markttechnisch fundierte Beurteilung anstellen zu können. Wenn Sie Charts analysieren, sollten Sie die Anzeige daher immer auf Candlestick stellen. So gut wie jedes Chartprogramm bietet diese Möglichkeit, sogar die kostenlosen Plattformen im Internet. Für die Einsteiger unter Ihnen möchte ich nun noch das Prinzip dieser Darstellung erläutern, es ist sehr einfach. Der Begriff Kerze kommt nicht von ungefähr, die einzelnen Elemente sehen tatsächlich so aus. Sie bestehen aus einem Körper sowie einem Docht und einer Lunte, die Enden des Körpers befinden sich am jeweiligen Eröffnungs- und Schlusskurs, die Enden von Lunte und Docht an den Hoch- und Tiefständen. Meist signalisieren ausgefüllte schwarze oder rote Kerzen sinkende Kurse, weiße oder grüne dagegen steigende. Je nach Kursverlauf des jeweiligen Zeitraums können Docht, Lunte und Körper sehr kurz oder sehr lang ausfallen, je nachdem, wie weit die einzelnen Kurse auseinanderliegen. Die Höhe einer Kerze lässt also auf die Schwankungsbreite des Kurses schließen.

Abbildung 13: Chartkerzen

Mithilfe der vier angezeigten Kurse lässt sich die Entwicklung in der jeweiligen Zeiteinheit sehr gut nachvollziehen. Vor allem zeigt die Kerze auf einen Blick, ob es auf- oder abwärts ging, und an der Gesamtlänge inklusive Lunte und Docht lässt sich die Schwankungsbreite ablesen. Ein Beispiel für die Interpretation: Verfügt eine Verlustkerze über einen Docht, konnte der Kurs im jeweiligen Zeitraum über das Eröffnungsniveau bis zu einem Hoch ansteigen und fiel anschließend wieder zurück. Dabei können die Kerzen ganz unterschiedliche Zeiträume darstellen, im obigen

DAX-Beispiel steht jede Kerze für einen Börsentag. Jeder Monat verfügt also über circa 20 Kerzen, die Wochenenden ohne Börsenöffnung fehlen selbstverständlich. Zeigt ein Chart mit täglicher Anzeige beispielsweise 30 Kerzen, bildet sie den Kursverlauf über sechs Wochen ab – klar, 30 Kerzen geteilt durch die fünf Tage einer Börsenwoche. Kerzen können den Kursverlauf jedoch nicht nur auf Tagesbasis anzeigen, auch jeder andere Zeitraum ist denkbar. Weit verbreitet sind zum Beispiel Minuten-, Stunden-, Wochen- oder Monatscharts. Wer sich eine Stunde im Minutenchart anzeigen lässt, sieht also in der Regel 60 Kerzen, sofern so viele Kursfeststellungen stattgefunden haben. Analog zeigt ein Monatschart 12 Kerzen pro Jahr, ein Stundenchart jedoch nicht 24 Kerzen pro Tag – schließlich haben die meisten Börsen nur einige Stunden geöffnet. Doch grundsätzlich gilt: Jeder Kursverlauf jedes beliebigen Instruments lässt sich in unterschiedlichen Zeiteinheiten darstellen. Jedes gute Chartprogramm erlaubt es, per Mausklick umzuschalten, und es ist oftmals sogar sinnvoll, unterschiedliche Zeiteinheiten parallel zu betrachten. Trends, Korrekturen und Bewegungen lassen sich deutlich leichter erkennen, wenn beispielsweise Tages- und Stundenchart gleichzeitig angezeigt werden. Ohnehin spielt die Unterscheidung der unterschiedlichen Zeiteinheiten eine wichtige Rolle bei der Trenderkennung und beim Handel.

Darstellung im Stundenchart
Zeitraum 25.11.2016 bis 04.01.2017

Darstellung im Tageschart
Zeitraum 11.03.2016 bis 22.01.2017

Darstellung im Wochenchart
Zeitraum 08.02.2016 bis 09.01.2017

Abbildung 14: Stunden-, Tages- und Wochenchart

Je nach betrachteter Zeiteinheit kann sich ein Trend sogar ganz unterschiedlich darstellen. Vielleicht zeigt sich im Stundenchart eine Seitwärtsbewegung, auf Tagesbasis wird jedoch ein deutlicher Aufwärtstrend sichtbar. Entscheidend für die Trenderkennung im Sinne der hier vorgestellten Strategien und Handelsansätze ist, zunächst die größeren Zeiteinheiten zu betrachten. Was sagen Wochen- und

Tageschart? Zeigen sie das gleiche Bild? Steigt ein Markt beispielsweise auf Wochenbasis, sollte er dies auch auf Tagesbasis tun. Lässt sich eine Übereinstimmung erkennen, deutet diese auf einen stabilen und sauberen Trend hin. Oftmals kann man die steigenden oder fallenden Hoch- und Tiefpunkte sehr deutlich in den unterschiedlichen Zeiteinheiten erkennen und damit bieten sich gute Chancen für Erfolg versprechende Trades. Vor allem Einsteiger sollten sich auf die Analyse von Tagescharts konzentrieren. Darin zeigen sich Trends erfahrungsgemäß am besten und sie verfügen über die größte Verlässlichkeit. Wer auf kleinere Zeiteinheiten geht, benötigt viel Erfahrung. Das gilt insbesondere für den Handel auf Zehnminuten- oder gar Minutenbasis. Intradaytrader können ein Lied davon singen, wie häufig sie durch unerwartete Bewegungen aus ihren Positionen herausfliegen. Deshalb lautet meine klare Empfehlung: Achten Sie vor allem auf Tagescharts und nutzen Sie diese für die Trenderkennung.

Dennoch ergibt es Sinn, andere Zeiträume zur Bestätigung und zum besseren Timing zu nutzen. Wenn Sie auf Tagesbasis handeln möchten, können Sie zunächst in der übergeordneten Zeiteinheit kontrollieren, ob sich der erkannte Trend auch dort zeigt. Denn wenn die Woche klar aufwärts zeigt, führt es selten zum Erfolg, auf Tagesbasis Short-Trades zu suchen. Tut man es trotzdem, läuft man Gefahr, vom übergeordneten Trend kalt erwischt zu werden. Stattdessen ist es sinnvoll, Werte zu finden, deren Trend in der kleineren Zeiteinheit mit der größeren übereinstimmt. So bietet sich die folgende Analysemöglichkeit: Starten Sie auf Wochenbasis und entscheiden Sie auf dieser Grundlage, wie sich der übergeordnete Trend darstellt. Anschließend wechseln Sie auf Tagesbasis. Wer hier fehlerfrei agiert und die beschriebenen Muster von Tief- und Hochpunkten problemlos erkennt, wird die angestrebte Performance meist erreichen. Erst wenn Sie auf den größeren Zeiteinheiten große Sicherheit erworben haben, sollten Sie gegebenenfalls in den Intradayhandel beispielsweise auf Basis von Zehn- oder Fünfminutencharts einsteigen. Vor diesem Hintergrund erklärt sich übrigens auch die Dramaturgie der vorgestellten Live-Trades. Sie beginnen auf den großen Zeiteinheiten wie dem Tag und gehen dann sukzessive unter Zuhilfenahme kleinerer Einheiten wie der Stunde bis hin zu Intradaytrades auf Fünfminutenbasis.

Wer sich durch die umfangreiche Theorie der letzten Seiten ein wenig überfordert fühlt: keine Sorge! Üben Sie am konkreten Chart und versuchen Sie, Routine zu bekommen. Auch hier gilt, dass Übung den Meister macht. Ich kenne diesen Zusammenhang gut aus meinen Seminaren und Coachings, wo ich sehr viel Zeit auf praktische Übungen verwende und die Teilnehmer dadurch deutlich an Sicherheit gewinnen. Vielfältige Unterstützung erhalten Sie zudem im Internet. Dort biete ich einen praktischen Einblick in die Regeln der Trendbestimmung, zum Beispiel in den wöchentlichen Ausblicken auf meiner Website www.lueddemann-coaching.de oder auch bei YouTube unter »Markttechnik erfolgreich handeln«. Immer montags fasse ich dort die wichtigsten Termine der kommenden Woche zusammen und gehe auf DAX, S&P 500 sowie NASDAQ ein. Ich erläutere ausführlich, wie sich der aktuelle Trend darstellt und welche Entwicklung zu erwarten ist. Zudem finden Sie dort viele weitere Videos, die sich mit Trends und Markttechnik befassen und die Sie auch als Übungseinheiten nutzen können.

Trade Nr. 8: Apple (short)

Im Februar hielt das allgemein schlechte Börsenumfeld an und ich habe nach einer Möglichkeit gesucht, überproportional davon zu profitieren. So wollte ich nicht auf den weiteren Verfall eines Gesamtmarktes setzen, sondern auf eine besonders schwache Einzelaktie. Mein Ziel war, einen Wert mit unterdurchschnittlicher Performance zu identifizieren. Einen heißen Kandidaten dafür habe ich beim allwöchentlichen Screening identifiziert, die Apple-Aktie. Um vom weiteren Kursverfall profitieren zu können, habe ich diese Aktie zunächst verkauft, um sie später billiger zurückkaufen zu können. Ich ging also short.

Hierbei handelt es sich um den ersten Trade, den ich auf einer kleineren Zeiteinheit als dem Tag eingegangen bin – auf Stundenbasis. Denn die Abwärtsbewegung zeigte sich nicht nur im Tageschart, auch im Stundenchart hatte sich eine kleine P1-P2-P3-Formation gebildet. Der Einstieg erfolgte beim Durchbruch des untergeordneten Trends, bei einem sogenannten Trend im Trend (Chart 2). Die Tradeidee bestand darin, frühzeitig und bereits aus der Korrektur heraus in den bestehenden Abwärtstrend einzusteigen. Das erste Kursziel lag beim bereits getesteten Tief auf dem Niveau von circa 93,00 Dollar. Dann wollte ich die Chance auf weiter fallende Kurse nutzen. Die Stoppmarke konnte ich – der kleinen Trendgröße sei Dank – sehr knapp über den Einstieg des untergeordneten Trends am P3 setzen. Hier kommt daher zum ersten Mal kein fixer Stop-Loss zum Einsatz, sondern ein aus dem Chart ersichtlicher und zudem sehr kleiner. Daraus ergab sich eine überdurchschnittliche Positionsgröße. Gewählt habe ich das Setup mit der kleinen Zeiteinheit, weil die Abwärtsbewegung des Marktes bereits sehr stark fortgeschritten war. Der Hintergrund dieser Entscheidung: Beginnt ein Trend, ist es sinnvoll, aggressiv und mit relativ hohem Einsatz vorzugehen; deshalb die weit entfernten Stoppmarken im Oktober und November. Hält ein Kursverlauf dagegen schon länger an, ist eher Zurückhaltung angesagt. Einsteiger können in solchen Situationen sogar ganz außen vor bleiben, die Gefahr von Verlusten ist sonst zu groß.

Einstieg

Wert: Apple, Instrument: Aktie, Ausrichtung: short

Datum	**Preis**	**Stück**	**Gebühren**	**Stop-Loss**
02.02.2016	95,65 $	20	1 $	23 $

Wie bei allen anderen Trades auch, habe ich ein Stop-Limit eingezogen, diesmal ein sogenanntes Stop-Buy. Im Gegensatz zum einem Stop-Loss wird der Wert bei Erreichen der definierten Schwelle gekauft und nicht verkauft. Logisch, wer short ist, muss sich zum Schließen der Transaktion wieder eindecken. Leider ist meine Tradeidee diesmal nicht aufgegangen und die Apple-Aktie stieg, anstatt wie erwartet weiter zu fallen. Der Anstieg ging bis über den gesetzten Stop-Buy und meine Short-Position wurde geschlossen. Mein erster Verlusttrade nach sieben Gewinntrades und damit eine beeindruckende, gleichwohl eher ungewöhnlich gute Bilanz!

Ausstieg

Datum	Preis	Stück	Gebühren	Verlust
03.02.2016	96,82 $	20	1 $	23,40 $

Der weitere Verlauf zeigt auch, dass der Stopp richtiglag. Im Verein mit dem Gesamtmarkt kam es zum Trendwechsel und Apple legte in der Folge kräftig zu.

Realisierte Performance: minus 23,40 $ oder 1,22 %.

Die Saisonalität

Eine sehr hilfreiche Eigenschaft von Trends besteht darin, dass sie wiederkehrende Muster aufweisen. Die bekanntesten davon dürften saisonale Besonderheiten im Aktienmarkt sein. So zeigen der DAX, aber auch die US-Märkte von Oktober bis Mai einen statistisch signifikanten Aufwärtstrend, wogegen Juni bis September uneinheitliche oder eher schwache Börsenmonate sind. Im »Sommerloch« erfolgen sehr häufig Korrekturen, im Herbst geht es dann meist wieder kräftig aufwärts. Sie kennen diese Systematik auch von den Live-Trades 1 bis 3, Oktober und November 2015 entwickelten sich mustergültig nach saisonalen Kriterien und das Depot konnte jeweils signifikante Zuwächse verbuchen. Einen umfassenden Überblick über derartige Muster können Sie sich auf Websites wie www.seasonalcharts.de verschaffen, dort werden die Muster über

Zeiträume von 10 bis 15 Jahren und für diverse Märkte verdeutlicht. Selbstverständlich lässt die Vergangenheit nicht immer auf die Zukunft schließen und möglicherweise explodieren die Kurse im kommenden September. Doch lebt diese Strategie nicht von hundertprozentiger Sicherheit, stattdessen profitiert sie von einer hohen Wahrscheinlichkeit. In den letzten Jahrzehnten hat sich deutlich gezeigt, dass eine reine Buy-and-Hold-Strategie jeweils von Oktober bis Mai durchschnittliche Jahresrenditen von mehr als 10 Prozent erzielt. Wer nach derart einfachen Regeln agieren will, muss nicht einmal auf die Großwetterlage achten und sollte auch keine Gewinne mitnehmen beziehungsweise Stoppmarken setzen. Stattdessen profitiert er lediglich von der Statistik. Das heißt jedoch auch, dass es mehrere Jahre dauern kann, bis die genannten 10 Prozent Durchschnittsperformance tatsächlich eingefahren werden. Doch wenn Sie sich nochmals vergegenwärtigen, dass höchstens 10 Prozent aller Trader bislang Gewinne einfahren, ist diese einfache saisonale Strategie absolut bestechend. Zudem lässt sie sich denkbar einfach umsetzen, bereits zwei Transaktionen pro Jahr genügen. Wer so agiert, spart darüber hinaus kräftig Gebühren. Auch die Realisierung erfordert keine großen Kenntnisse und sie ist so gut wie bei jedem Broker möglich. Mein Favorit sind ETFs, die den jeweiligen Index exakt abbilden und für jeden Anleger problemlos verfügbar sind. Diese werden am 1. Oktober gekauft und am 1. Mai wieder verkauft. Das war's! Je nach Geschmack lassen sich die Märkte auch über CFDs oder Futures handeln. Wer noch Anfänger ist oder keine Lust aufs Traden hat, ist mit dieser Strategie bestens bedient. Selbstverständlich lässt sich dieses sehr simple System optimieren, indem man beispielsweise bei Kauf und Verkauf auf aktuelle Trends achtet. Doch geht es mir vor allem darum, zu zeigen, wie einfach das Geldverdienen an der Börse sein kann, und sehr gut nachvollziehen lassen sich die saisonalen Muster beispielsweise beim DAX im folgenden Monatschart der Jahre von 2003 bis 2014:

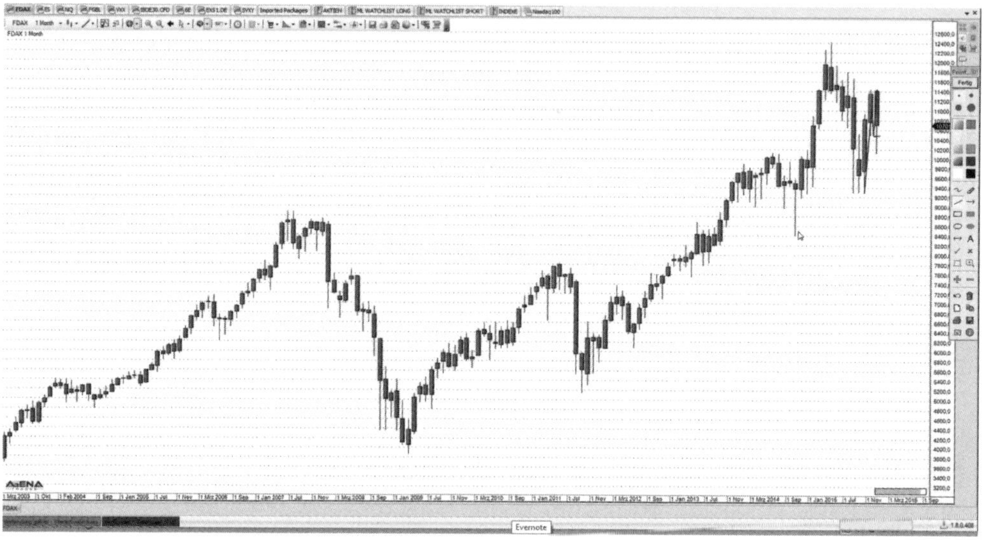

Abbildung 15: Saisonalität beim DAX

Mit Ausnahme des großen Einbruchs infolge der Finanzkrise 2007/2008 stellt sich das saisonale Muster des DAX sehr deutlich dar. Häufig kommt der Markt in den Sommermonaten einige Punkte zurück, um im Oktober oder November wieder nach oben zu drehen. Weil diese Korrekturen meist sehr unsauber verlaufen und auch zeitlich voneinander abweichen, sollte man saisonale Strategien nicht so weit treiben und auch die Rückgänge beispielswcise mit Short-Trades ausnutzen. Statistisch gesehen lässt sich damit schwerlich Geld verdienen. Wer nur die Long-Seite von Herbst bis Frühjahr nutzt, hat den statistischen Vorteil dagegen voll auf seiner Seite. Eindrucksvoll lässt sich die Performance in Form nackter Zahlen präsentieren. Über die im Chart sichtbaren 13 Jahre zeigen sich folgende Renditen, wenn jeweils am 1. Oktober eines Jahres gekauft und am 1. Mai des Folgejahres wieder verkauft wird:

Jahr	Einstieg	Ausstieg	Ergebnis	Performance	durchschn. Performance
2003	3255	3972	717	22 %	
2004	3895	4208	313	8 %	
2005	5060	6014	954	19 %	
2006	6019	7429	1410	23 %	
2007	7851	6982	–869	–11 %	
2008	5865	4790	–1075	–18 %	

2009	5681	6122	441	8 %	
2010	6244	7570	1326	21 %	
2011	5311	6861	1550	29 %	
2012	7227	7905	678	9 %	
2013	8618	9611	993	12 %	
2014	9454	11506	2052	22 %	
2015	9757	10091	334	3 %	11%

Tabelle 6: Jahresrenditen des saisonalen Handels beim DAX

Insgesamt ergibt sich eine Trefferquote von sage und schreibe mehr als 80 Prozent! Und diese zeigt sich nicht nur in den dargestellten Jahren, sogar über 30 Jahre hinweg oder mehr bleibt dieses Muster intakt. Ebenso beachtlich: Die einzigen Minusjahre finden sich im Umfeld der Finanzkrise 2007 und 2008. Wer keine Zeit auf das Trading verwenden will und auch keine Lust hat, sich mit den Märkten zu beschäftigen, findet in dieser Strategie eine Möglichkeit, weit überdurchschnittliche Renditen zu erzielen. Dazu geeignet ist zum Beispiel der in Trade Nr. 1 genannte ETF. Kommt ein solches Papier zum Einsatz, entsteht die sehr gute Rendite von 12 Prozent pro Jahr ohne Hebelfaktor. Wer angesichts dieser Zahlen glaubt, diese Gewinne durch Hebelprodukte steigern zu können, läuft Gefahr, hohe Verluste einzufahren. Wer beispielsweise mit dem Faktor 5 hebelt, hätte seine (riesigen) Gewinne der Vorjahre im Jahr 2008 fast komplett vernichtet. 90 Prozent des Kontos wären verloren und leider geschieht dies in der Realität immer wieder.

Stimmen die folgenden Aussagen?

Kennen Sie sich mit der Saisonalität aus?

1. Wer Aktien immer von Oktober bis Ende April/Anfang Mai hält, macht eine überdurchschnittliche Performance.
2. Es ist sinnvoll, beim Nutzen der Saisonalität auf den Gesamtmarkt zu setzen und nicht auf einzelne Werte.
3. Wer bei Ein- und Ausstieg auch den aktuellen Trend im Auge behält, kann seine Performance sogar noch optimieren.
4. Die Saisonalität gilt vor allem in Deutschland, bei S&P 500 und NASDAQ lohnen sich keine jahreszeitlichen Engagements.

Der Trendwechsel

Es ist sinnvoll, möglichst früh in einen beginnenden Trend einzusteigen und sich damit die Chance zu sichern, substanziell zu profitieren. Schließlich weiß niemand nach einem P1, ob der neue Trend nur Tage andauert oder über mehrere Jahre hinweg stabil bleibt. Ist der Trend dagegen bereits sehr weit gelaufen, steigt die Gefahr einer Gegenbewegung stetig. Vergleichen lässt sich das Hin und Her an der Börse mit einem Gummiband. Auf eine starke Bewegung in die eine Richtung folgt eine Korrektur in die Gegenrichtung. Auch in puncto Zugkraft existieren Parallelen: Ist ein Trend schon sehr weit fortgeschritten, steigt der Druck und die Wahrscheinlichkeit eines kräftigen Rückschnellens nimmt immer mehr zu. Um Trendwechsel und damit die Chancen für einen frühen Einstieg zu erkennen, sollte man sich die bereits geschilderte Systematik eines Kursverlaufs vor Augen führen. Dieser besteht aus Aufwärts-, Seitwärts- und Abwärtstrends. Endet ein langanhaltender Trend, wechselt er häufig zunächst in eine mehr oder weniger lang andauernde Seitwärtsphase oder in eine trendlose Zeit. Denn Trends ändern sich nur selten von heute auf morgen! Diese Verzögerung ist oftmals den institutionellen Anlegern geschuldet. Selbstverständlich können sie ihre Positionen nicht einfach komplett schließen, sie würden den Markt zu stark bewegen. Deshalb dauert es immer eine gewisse Zeit, in der die Großen zwar langsam aus dem Markt gehen, zur Kurspflege jedoch auch gerne immer wieder Gegenpositionen aufbauen. Aus diesem Grund zeigen sich die Charts bei Trendwechseln uneinheitlich und oftmals sind in diesen Phasen sogar sehr hohe Umsätze zu erkennen. Vorsicht ist ebenso angebracht, wenn Märkte oder Werte immer wieder die gleiche Marke anlaufen und davon zurückprallen. Eine solche Situation deutet meist darauf hin, dass Widerstände oder Unterstützungen vorerst nicht gebrochen bzw. gehalten werden können. Erfahrungsgemäß lauern in diesen Phasen oft Verlustgefahren und es ist meist besser, abzuwarten. Sie sollten darauf achten, wann die bereits bekannten Formationen wieder auftreten. Bilden sich beispielsweise zwei aufeinanderfolgende steigende Hoch- und Tiefpunkte, beginnt ein Aufwärtstrend nach den hier vorgegebenen Kriterien. Manchmal existieren noch andere Hinweise, die auf einen Trendwechsel hindeuten, zum Beispiel sogenannte Umkehrkerzen. Dabei handelt es sich um Chartkerzen, deren Docht oder Lunte fehlen. Der Kurs in der dargestellten Zeiteinheit hat also beim Tief- oder Hochpunkt geschlossen. Den Begriff kennen Sie bereits aus Trade Nr. 4, beim Amazon-Trade habe ich die Umkehrkerze einer Korrektur als Signal für den Einstieg genutzt – schematisch in der linken Abbildung zu sehen.

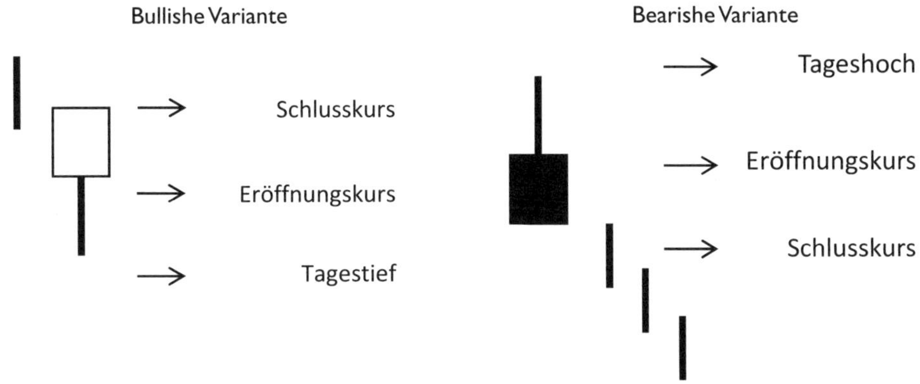

Abbildung 16: Umkehrkerzen

Die bullishe Variante deutet oft auf einen Tiefpunkt innerhalb einer Korrektur des Aufwärtstrends hin und auf eine darauf folgende Trendumkehr, oftmals steigen die Kurse nach einem derartigen Chartbild. Bei der bearishen Variante gilt das Gegenteil. Die Aussagekraft steigt umso mehr, je größer die betrachtete Zeiteinheit ist – etwa beim Blick auf Tages- oder gar Wochenbasis liegt die Trefferquote deutlich höher als beim Blick auf Stunden- oder Fünfminutencharts. So ergibt es keinen Sinn, in Minutencharts auf Umkehrkerzen zu setzen. Ohnehin gestaltet sich der Handel damit nicht ganz so einfach, nur in bestimmten Chart- und Marktsituationen ist eine signifikante Aussagekraft vorhanden. Grundsätzlich lässt sich das Timing von Ein- und Ausstiegen mithilfe von Umkehrkerzen verbessern, sie sollten jedoch immer im Zusammenhang mit der Gesamtsituation gesehen werden. Ihre Bedeutung kommt auch daher, weil viele Trader Umkehrkerzen als Handelssignale nutzen und ihre Aufträge an den entsprechenden Stellen platzieren. Damit wird ein sich abzeichnender neuer Trend weiter verstärkt und es besteht die Möglichkeit, die hier vorgestellte Strategie umzusetzen. Dazu sind jedoch die richtigen Einstiegspunkte und Stoppmarken erforderlich. Das Kapitel zur Trefferquote hat bereits die Regeln zum richtigen Abstand zwischen Einstieg und Stopp erläutert, die richtige Erkennung im Chart ist Thema des nächsten Kapitels.

Trade Nr. 9: Tripadvisor (short)

Analog zum Gesamtmarkt befand sich auch Tripadvisor in einem deutlich sichtbaren Abwärtstrend. Zu sehen war eine mustergültige Korrektur und danach ging es weiter nach unten. Zudem befand sich der Kurs in einer Unterstützungszone, die bereits zweimal vorher getestet wurde. Die Tradingidee ergab sich aus dieser Situation: Verletzt die Aktie ihre Tiefs, ist ein weiterer kräftiger Verfall zu erwarten. An diesem wollte ich mit dem Live-Konto partizipieren. Weil die Abwärtsbewegung wie bei Apple schon weit fortgeschritten war, habe ich auch hier auf Stundenbasis gehandelt und damit eine deutlich engere Platzierung des Stop-Loss ermöglicht. So musste ich bei einer Positionsgröße von immerhin knapp 1.200 Dollar nur 35 Dollar riskieren. Ebenfalls analog zum Apple-Trade habe ich auch hier nicht den Ausbruch gehandelt, sondern einige Zeit später den nochmaligen Test dieser Unterstützungszone. Den initialen Stop-Loss konnte ich damit sehr eng setzen.

Einstieg

Wert: Tripadvisor, Instrument: Aktie, Ausrichtung: short

Datum	Preis	Stück	Gebühren	Stop-Loss
05.02.2016	58,39 $	20	1 $	35 $

Ich habe die Position diesmal von Hand geschlossen und die initiale Stop-Loss-Marke nicht wie üblich schrittweise nachgezogen. Der Grund für dieses Vorgehen: Abwärtstrends enden meist sehr schnell, wogegen Bullenmärkte oftmals Wochen oder Monate andauern. Zudem fallen Einbrüche in der Regel zwar heftig aus, der Markt schlägt jedoch genauso stark wieder zurück. Gewinnmitnahmen sind in solchen Situation durchaus sinnvoll, um aus großen Buchgewinnen auch realisierte Gewinne zu machen. Ich habe zwei sogenannte Take-Profits genutzt, die Aktie also in zwei Tranchen zurückgekauft und die aufgelaufenen Gewinne realisiert.

Ausstieg

Datum	Preis	Stück	Gebühren	Gewinn
09.02.2016	54,78 $	10	1 $	36,10 $
10.02.2016	54,51 $	10	1 $	38,80 $

Diese Vorsicht hat sich ausgezahlt, kurz nach Schließen der Position fand der erwartete Rücklauf statt, die Aktie stieg in wenigen Tagen um circa 20 Prozent. Wer in solchen Situationen investiert bleibt, riskiert extrem hohe Verluste. Damit zeigt sich, dass ein guter Einstieg nur die halbe Miete darstellt. Vor allem bei Abwärtstrends ist es genauso wichtig, den Ausstieg richtig zu setzen und das Money-Management zu beachten. Gehen Sie nie die Gefahr ein, mit einem einzigen Trade 5 oder gar 10 Prozent Ihres Kontos zu vernichten.

Realisierte Performance: 71,90 $ oder 6,8 %

EIN- UND AUSSTIEG

Vor dem Hintergrund der grundsätzlichen Mechanismen eines Trends soll nun die Übersetzung eines bestehenden Kursverlaufs in konkrete Transaktionen Thema sein. Schließlich genügt es nicht, die Wahrscheinlichkeit einer Kursbewegung zu erkennen, man muss diese Bewegung auch nutzen können. Es geht darum, in einer konkreten Situation die richtigen Ein- und Ausstiege für die jeweilige Transaktion identifizieren zu können. Erinnern Sie sich bitte an das Kapitel zum Thema Risiko- und Money-Management: Die optimalen Einstiege und Stopps versprechen höhere Gewinne, als sie Verluste befürchten lassen, und bilden daher einen zentralen Erfolgsfaktor dafür, ein kleines Konto groß zu traden. Bei meinem privaten Konto arbeite ich mit vergleichsweise einfachen Regeln, die sich in der Praxis über viele Jahre hinweg bewährt haben, und daher nutze ich sie auch für die Strategie in diesem Buch. Selbstverständlich existieren weit mehr Möglichkeiten, einen Trade einzugehen und ihn zu schließen, ich beschränke mich jedoch ganz bewusst auf wenige Setups. Dieser Begriff bezeichnet klar definierte Situationen, in denen gehandelt wird. Wichtig ist, mithilfe dieser Setups bereits im Vorfeld exakte Schemata festzulegen. Wer nur realisiert, was dort hineinpasst, verringert die Gefahr von Bauchentscheidungen ganz extrem. Damit stellt sich die Frage, wie man den Einstieg konkret gestaltet. Ich möchte Ihnen vier unterschiedliche Antworten darauf geben, indem ich vier verschiedene Setups präsentiere: Erstens stelle ich Trend- und zweitens Bewegungshandel vor sowie drittens Handel aus der Korrektur und viertens Handel mittels Trend im Trend. Mit diesen vier Setups lassen sich unterschiedliche Marktsituationen abdecken und es ist möglich, den optimalen Zeitpunkt für einen Einstieg zu treffen. Zudem genügen sie den erwähnten Grundsätzen von Einfachheit und Klarheit, sodass sie auch für Einsteiger praktikabel sind.

Trend- und Bewegungshandel

Um die Begrifflichkeiten der Setups zu verdeutlichen: Beim Bewegungshandel wird zunächst nur der in der folgenden Abbildung fett dargestellte Bewegungsast gehandelt, beim Trendhandel der gesamte Trend, solange er inklusive Korrekturen anhält – also beispielsweise so lange, wie in einem Aufwärtstrend steigende Hoch- und Tiefpunkte auftreten. In der Regel ist der Bewegungshandel damit in gleicher Trendgröße auf einen kürzeren Verlauf beschränkt als der Trendhandel. Die Systematik von Trends und Bewegungen möchte ich Ihnen nochmals ins Gedächtnis rufen:

Abbildung 17: Der Unterschied zwischen Trend- und Bewegungshandel

Die höheren Gewinnmöglichkeiten dürfen jedoch nicht von vornherein zu einer Entscheidung für den Trendhandel führen, vielmehr hängt die Wahl des Setups vor allem mit dem Risiko- und Money-Management zusammen – in der Regel ist eine Rechenaufgabe zu lösen. Im entsprechenden Kapitel habe ich erläutert, dass Sie im Sinne der hier vorgestellten Strategien und Handelsansätze nicht mehr als 2 Prozent ihres Kontos pro Trade riskieren sollten. Vor diesem Hintergrund ergibt sich nun das Setup, es richtet sich ganz einfach nach dem Stopp und man kann das Pferd von verschiedenen Seiten aufzäumen. Sie wissen bereits, dass Sie nicht alles auf eine Karte setzen sollten. Bei der hier angenommenen Kontogröße von 5.000 Euro ist meist eine Positionsgröße bis circa 1.000 Euro sinnvoll. Kostet Aktie A den Betrag von 50 Euro, können Sie rechnerisch 20 Aktien kaufen. Um den möglichen Verlust auf die erwähnten 2 Prozent der Kontogröße zu begrenzen, dürfte Ihr Stoppkurs höchstens 5 Euro tiefer liegen, also bei 45 Euro (5 x 20 = 100). Bei Reißen dieser Schwelle wären 100 Euro verloren. Befindet sich nun der letzte P3 unterhalb dieser Marke, scheidet der Trend- zugunsten des Bewegungshandels aus. Schließlich müssten Sie den Stop-Loss beim Trendhandel unterhalb von 45 Euro platzieren und damit Ihre Verlustgrenze überschreiten. Befindet sich der letzte P3 dagegen oberhalb von 45 Euro, bietet sich der Trendhandel an. Diese Entscheidung lässt sich jedoch nach Eröffnung der Position anpassen. So ist es oft möglich, einen Einstieg im Bewegungshandel in den Trendhandel zu überführen und damit die Chancen auf höhere Gewinne zu wahren. Das Vorgehen ergibt sich wiederum aus der Systematik von Trends und Bewegungen. Erinnern Sie sich bitte an die verschiedenen Zeiteinheiten: Wenn Sie diese verringern, können Sie meist erkennen, dass auch die Bewegung aus einem Trend besteht – dieser ist zwar kleiner, verfügt jedoch häufig auch über steigende oder fallende Hoch- und Tiefpunkte. Auch auf deren Basis lässt sich der Stop-Loss setzen und nachziehen, oft sogar bis zu einem Niveau, das auch im Trendhandel sinnvoll wäre. Damit ist die Überführung vom Bewegungshandel in den Trendhandel geschafft. Doch ungeachtet der Möglichkeiten unterschiedlicher Zeiteinheiten empfehle ich vor allem Einsteigern den Handel auf Tagesbasis. Damit liefert der Tageschart den passenden Einstieg sowie die geeigneten Stoppmarken. Erst wer einige Sicherheit in Erkennung und Handel von Trends auf Tagesbasis gewonnen hat, kann Einstiegschancen mithilfe der kleineren Zeiteinheiten noch besser timen. Diese Verengung des Fokus ist durchaus sinnvoll, denn vor allem die Besitzer kleiner Konten müssen mit sehr engen Stopps agieren. Erinnern Sie sich bitte an das Amazon-Beispiel, im Tageschart befand sich der markttechnisch gebotene Stopp immerhin 63,75 Euro unter dem Einstieg, und wer nur 50 Euro riskieren will, kann den Trade auf Tagesbasis gar nicht eingehen. Eine kleinere Zeiteinheit kann in solchen Fällen oftmals Abhilfe schaffen.

Beim konkreten Handel kommt es nun zunächst darauf an, diese Hoch- und Tiefpunkte korrekt zu bestimmen. Um diese Aufgabe zu erleichtern und die Identifikation des Einstiegs zu erläutern, möchte ich das Ganze an einem Chart verdeutlichen. Als Beispiel dient der bereits bekannte Kursverlauf des DAX auf Tagesbasis, in der folgenden Abbildung ist der Abwärtstrend von Anfang Dezember 2015

Abbildung 18: Bestimmung der Hoch- und Tiefpunkte

bis Mitte Januar 2016 gut zu sehen und ich habe ihn mittels eingezeichneter Trendlinien nochmals hervorgehoben. Vermerkt sind zudem Hoch- und Tiefpunkte mit den Nummern 1 bis 5. Wer den Abwärtstrend als Trendhandel mitmachen möchte, muss den Einstieg beim zweiten Tiefpunkt finden. Doch wo befindet sich dieser genau? Machen Sie sich bitte zunächst Gedanken darüber und lesen Sie dann erst weiter.

Die Bestimmung der beiden Hochpunkte dürfte auch ohne die eingezeichneten Kreise kein Problem darstellen. Bei Nummer 1 findet sich der sogenannte P1, hier startet der neue Abwärtstrend und Nummer 3 markiert den Hochpunkt der ersten Korrektur. Auch den ersten Tiefpunkt werden die meisten Leser korrekt erraten haben, es ist Nummer 2. Nun wird es jedoch knifflig. Wo platzieren Sie den zweiten Tiefpunkt? Noch sind zwei weitere Kreise mit den Nummern 4 und 5 vorhanden, einer in der Mitte der Bewegung und einer am folgenden P2. Richtig ist es, Nummer 4 zu wählen. Denn bereits an dieser Stelle markiert der Kurs einen neuen Tiefpunkt. Mit 1 und 3 sowie 2 und 4 zeigt der Kursverlauf zwei fallende Hoch- bzw. Tiefpunkte. Ab Nummer 4 ist es daher möglich, einen Short-Trade einzugehen und beim vorhandenen Abwärtstrend »mitzuspielen«. Meist ist es sinnvoll, neuerliche Tiefs (hier Punkt 5) sowie eine Korrektur abzuwarten und in den folgenden Rücklauf einzusteigen. Die passende Gelegenheit befindet sich exakt an der Stelle, an der dieser Chart endet. Durch dieses Vorgehen vermeiden Sie, an absoluten Hoch- und Tiefpunkten einzusteigen. Wer sich bereits bei Punkt 4 engagiert, läuft Gefahr, von der nach Nummer 5 folgenden Korrektur aus dem Markt genommen zu werden und Verluste zu schreiben.

Wer den Einstieg nach einem Trendwechsel im Blick hat, sieht meist ein ähnliches Bild wie das vorliegende. Der Verlauf des DAX zeigt sich sogar mustergültig, die Korrekturen verlaufen ungefähr bis zum Niveau des letzten Tiefs – hier etwa bei Nummer 2 – und danach geht es wieder abwärts. Der Chart zeigt diese Systematik deutlich. Das optimale Chancen-Risiko-Verhältnis erhält derjenige, der seine Order möglichst vor den anderen Marktteilnehmern platziert. Der Grund dafür: Markttechnische Ansätze sind sehr weit verbreitet und an markanten Punkten wie etwa P2 befinden sich in der Regel sehr viele limitgesteuerte Aufträge – das gilt umso mehr, je größer die betrachtete Zeiteinheit ist. So verstärken andere Trader diesen Trend zusätzlich.

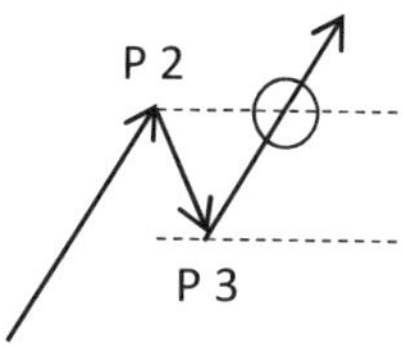

Abbildung 19: Einstieg und Stop-Loss beim Trendhandel

Die Abbildung zeigt den theoretisch gebotenen Einstiegspunkt. Um tatsächlich vor anderen Tradern in den Markt zu gelangen, sollte sich das Limit knapp darunter befinden. An diese Stelle gehört dann eine sogenannte Start-Buy- oder Start-Sell-Order (bei Long- beziehungsweise bei Short-Märkten). Die Eröffnung der jeweiligen Position erfolgt dann automatisch, wenn der Kurs die Stoppmarke erreicht. Mit diesem Vorgehen lässt sich sicherstellen, dass keine Bauchentscheidungen erfolgen, sondern der Handel rein nach markttechnischen Gesichtspunkten abläuft. Der Einstieg wäre also geschafft, alles Weitere kann dann ebenso auf Grundlage markttechnischer Gesichtspunkte geschehen.

Auch der logische Stop-Loss ergibt sich aus dem Kursverlauf; in der Abbildung sichtbar bei P3. Sofort nach Eröffnung der Position sollte man die Stop-Loss- oder Stopp-Buy-Order ins System einstellen, dadurch ist der Verlust von vornherein auf das vorab berechnete Niveau begrenzt. Durchbricht der Kurs die Stopp-Position, ist der vorliegende Trend beendet und somit nicht weiter handelbar. Da weitere Verluste drohen, wird die Position automatisch geschlossen. Läuft der Kurs aber in die beabsichtigte Richtung, kann der Stop-Loss auf den nächsten P3 wandern. Die Kontrolle sollte beim Handel auf Tagesbasis täglich erfolgen, und wer arbeitet, kann beispielsweise nach Feierabend und Börsenschluss den Chart analysieren sowie seinen Stopp gegebenenfalls anpassen. Damit lassen sich die bereits aufgelaufenen Gewinne absichern. Wer diese Regel beherzigt, sichert die aufgelaufenen Gewinne konsequent ab, und fallen die Korrekturen nicht stärker aus, kann die Position sehr lange offen bleiben. Mitunter kommt es jedoch zu Fehlausbrüchen und Stopps werden ausgelöst. Dann heißt es, auf die nächste Hoch- und Tiefpunktformation zu warten, um wieder einzusteigen. Doch zeigt die Erfahrung, dass vor allem Aufwärtstrends auf Tages- oder Wochenbasis oft monate- oder sogar jahrelang andauern. Sie profitieren in einer solchen Situation nicht nur vom Trend, Sie vermeiden zudem häufige Trades. Wer früh einsteigt und Stopps an unkritischen Punkten platziert, wird nur selten ausgestoppt und spart damit Gebühren. Bei kleinen Konten ist dieser Faktor nicht zu unterschätzen. Deshalb möchte ich meine Empfehlung wiederholen: Setzen Sie beim Einstieg auf den Trendhandel und nicht so sehr auf den Bewegungshandel. Denn dieser Ansatz ermöglicht, dass die Gewinne über einen langen Zeitraum hinweg zu den eigenen Gunsten gehen. Gerade in sauberen Aufwärtstrends verhilft dieses Prinzip zu einer beachtlichen Performance. Zudem lassen sich mit einem Risiko von beispielsweise 100 Euro oftmals Gewinne von 400 oder 500 Euro erzielen. Selbstverständlich sehen die Kursverläufe in der Praxis nicht ganz so schematisch aus wie in den vorigen Abbildungen. Doch auch in der Realität lassen sich Trends sehr gut beobachten und handeln. Ein Beispiel dafür bietet die Apple-Aktie zwischen Oktober und Dezember 2014. Über den gesamten Zeitraum lässt sich ein sauberer Trend beobachten und im folgenden Chart sehen Sie eine mögliche Einstiegsmarke sowie den passenden Stop-Loss, ebenso eingezeichnet sind die Linien zur Verdeutlichung der Hoch- und Tiefpunkte.

Abbildung 20: Trend und Einstieg bei Apple

Bei Kursverläufen wie demjenigen von Apple ist leicht ersichtlich, weshalb ich den Trendhandel in der Regel für sinnvoller halte. In nur drei Wochen stieg die Aktie um etwa 10 Dollar, das sind knapp 10 Prozent. Derartige Spannen lassen sich im Bewegungshandel ausgesprochen selten erreichen. Weniger auf den Trend und eher auf die Bewegung zu setzen kann jedoch sinnvoll sein, wenn ein Trend bereits sehr lange läuft und das erwähnte Gummiband unter großer Spannung steht. Denn dann kann man trotzdem von starken Bewegungen profitieren, die Stopps sehr schnell nachziehen und die unvermeidlichen Rückschläge belasten das eigene Depot nur unwesentlich. In der Regel ist es beim Bewegungshandel sinnvoll, die Stopps Kerze für Kerze nachzuziehen. Allerdings ist es wichtig, diese Stopps nicht zu eng unter der letzten Periode zu platzieren, sonst besteht eine große Gefahr, aus einem eigentlich intakten Trend – auch die Bewegung besteht aus einem Trend in kleineren Zeiteinheiten – herauszufliegen.

Abbildung 21: Stop-Loss beim Bewegungshandel

Die schematische Darstellung in Abbildung 21 zeigt, dass der Einstieg beim Durchbruch von P2 erfolgt und sich der initiale Stop-Loss unter der vorigen Kerze befindet. Beim Tageschart liegt er damit unter dem Tief des Vortages. Bewegt sich der Kurs in die beabsichtigte Richtung, wandert der Stop-Loss unter die Lunte der nächsten Kerze. Der große Vorteil des Bewegungshandels besteht darin, dass wir – durch die engen Stopps bedingt – auflaufende Gewinne schnell absichern können. Mental ist dies von großem Nutzen. Mit einem Bewegungstrade lassen sich vor allem dann hohe Gewinne erzielen, wenn man den Trade vom Bewegungs- in den Trendhandel überführen kann. Ergebnis ist ein ausgesprochen günstiges Risiko-Gewinn-Verhältnis, das es auch verzeiht, wenn manche Trades ins Minus laufen. Die Abbildung zeigt zudem, dass der Einstieg beim Bewegungshandel einfachen Regeln unterliegt. Wiederum bieten sich die Durchbrüche bei P 2 sowie die folgenden Rückläufe an, um eine Transaktion zu platzieren.

Stimmen die folgenden Aussagen?

Kennen Sie den Unterschied zwischen Trend- und Bewegungshandel?

1. Bietet der Trendhandel höhere Gewinnchancen als der Bewegungshandel?
2. Unterscheiden sich die Regeln für den Einstieg?
3. Von welchen Faktoren hängt die Entscheidung für eine der beiden Handelsarten ab?
4. Müssen sich die Trendrichtungen verschiedener Zeiteinheiten unterscheiden?
5. Sollten Sie bei beiden Handelsarten Ihre Stopps nachziehen?

Handel aus der Korrektur

Geeignete Situationen für den Einstieg in eine Position entstehen sehr oft im Rahmen einer Korrektur. Korrekturen laufen gegen die eigentliche Trendrichtung und bieten daher die Chance, zu einem besseren Kurs und vor den anderen Marktteilnehmern einzusteigen. Ein passendes Setup sollte daher jeder Trader kennen. Dabei stehen unterschiedliche Vorgehensweisen zur Verfügung, etwa der Einstieg mittels Unschärfe oder Umkehrkerzen. Dabei stellt der Handel mittels Unschärfe eine der einfachsten Möglichkeiten dar, um während einer Korrektur in einen jungen Trend hineinzukommen. Junger Trend bedeutet auch hier, dass nach einem Trendwechsel oder einer Seitwärtsphase zwei steigende oder fallende Hoch- und Tiefpunkte auftreten. Es kam bereits zur Sprache, dass sich in der Regel limitgesteuerte Einstiege anbieten. Eine Order wird automatisch ausgelöst, wenn der Kurs ein bestimmtes Niveau erreicht. Dieses kann sich beispielsweise in der Nähe eines P 2 befinden. Von Unschärfe spricht man, wenn der Einstieg nicht an einem exakten Punkt liegt, sondern in einem Bereich, etwa an einem P2 oder auch an einem sogenannten Fiboancci[15]-Level. Dieser Einstieg kann mittels einer Order

[15] Leonardo Fibonacci war einer der bedeutendsten Mathematiker des Mittelalters, er hat unter anderem Wachstumsvorgänge beschrieben. Mithilfe der Fibonacci-Zahlenreihe und mit daraus abgeleiteten Verhältniszahlen lassen sich Unterstützungen und Widerstände in einem Kursverlauf markieren sowie potenzielle Kursziele berechnen.

erfolgen. Von Vorteil sind jedoch zwei bis drei. Allerdings – und das ist ein klarer Nachteil – steigen in der Regel die Ordergebühren und es kommt auf Broker, Kontogröße und Situation an, ob der Handel mittels Unschärfe Sinn ergibt. Die folgende Abbildung zeigt, was darunter zu verstehen ist:

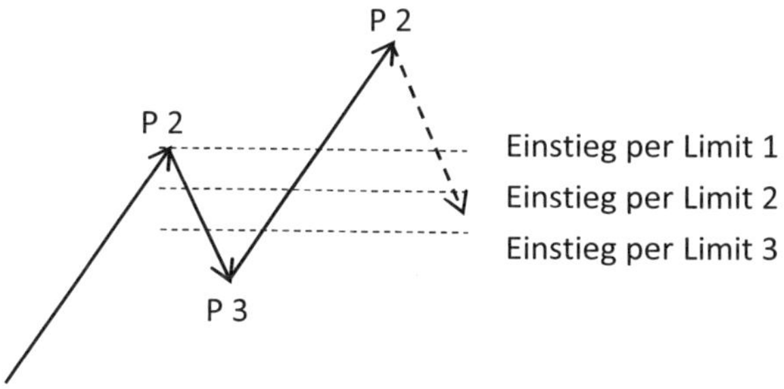

Abbildung 22: Einstieg mittels Unschärfe

Die Abbildung verdeutlicht das Prinzip des Einstiegs: Je weiter der Kurs korrigiert, desto mehr Limits werden ausgelöst. Funktioniert dies beispielsweise nur bei den Limits 1 und 2, ist es sinnvoll, spätestens bei Durchbruch durch P2 manuell die letzte Tranche auszulösen. Denn nur dann ist gewährleistet, dass die ursprünglich beabsichtige Position komplett eröffnet wird und sich damit auch die volle Gewinnchance realisieren lässt. Zudem ergäbe sich ein Ungleichgewicht, wenn die Position bei einer kleinen Korrektur nur teilweise aufgebaut wird: Verlusttrades laufen dann immer in voller Höhe auf, weil sie alle Einstiegslimits durchbrechen. Gewinntrades dagegen korrigieren mitunter weniger weit und Gewinne fallen nur mit einer oder zwei Tranchen an. Das Risiko-Gewinn-Verhältnis kommt in diesem Fall aus der Balance. Wer diese Gefahr umgeht, findet in der Unschärfe eine passende Handlungsweise, um günstige Durchschnittskurse zu erzielen. Allerdings ergibt es meiner Erfahrung nach wenig Sinn, eine Gesamtorder in mehr als drei Tranchen aufzuspalten, und vor allem bei kleinen Konten sollte diese Grenze sogar bei zwei liegen. Gerade im Aktienhandel steigen die Gebühren andernfalls zu weit an und schädigen die Performance. Die Unschärfe bei Eröffnung einer Position ändert jedoch nichts an den Regeln für den Ausstieg. Der Stop-Loss gehört auch hier in der Regel unter den letzten P3.

Wie die bereits vorgestellten Einstiegsszenarien erfordert auch der Handel mittels Umkehrkerzen einen intakten Trend. Es braucht also steigende oder fallende Hoch- und Tiefpunkte. Ist diese Voraussetzung gegeben, bieten Umkehrkerzen mitunter einen Hinweis auf die weitere Kursentwicklung – die Grundlagen dafür kamen bereits zur Sprache. Hier soll es lediglich noch um die konkrete Nutzung für einen Trade gehen. Grundsätzlich gilt, dass Umkehrkerzen als Marke dienen können, um den Einstieg zu timen. Das gilt sowohl für die bullishe als auch für die bearishe Variante aus Abbildung 16. Nötig ist dazu jedoch das geeignete Umfeld, die jeweilige Umkehrkerze sollte einen P3 markieren – am besten im untergeordneten Trend. Die folgende Abbildung zeigt diese Formation in einem Aufwärtstrend, hier verfügt die Umkehrkerze nur über eine Lunte, der Docht dagegen fehlt:

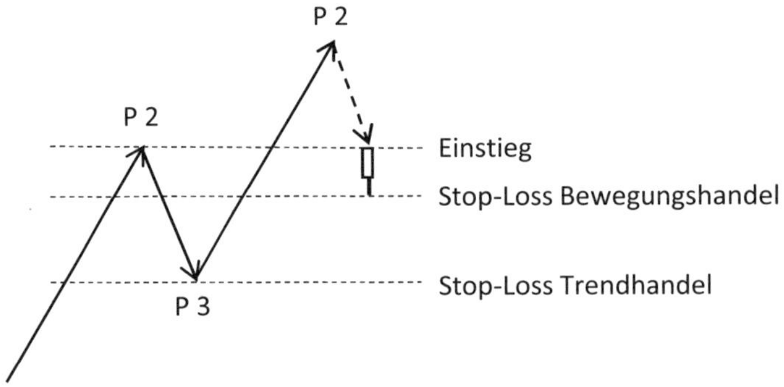

Abbildung 23: Einstieg bei einer Umkehrkerze

Auch in diesem Setup bietet der untere P2 eine gute Position für den Einstieg. Findet also die Korrektur nach dem oberen P2 statt und fällt der Kurs dann bis auf das Niveau des unteren P2 oder darunter, eröffnet die neue Bewegung nach oben die Einstiegschance. Die Umkehrkerze zeigt an, dass die gestrichelt gezeichnete Korrektur wahrscheinlich zu Ende ist, und sie markiert damit ein P3 im untergeordneten Trend. Der letzte P3 des übergeordneten Trends ist ebenfalls in der Abbildung verzeichnet, er liegt unterhalb. Somit bietet die eingezeichnete Umkehrkerze die Chance, bereits frühzeitig in die Bewegung einzusteigen und länger davon profitieren zu können. Ebenso verdeutlicht sie, dass der Stop-Loss des untergeordneten Trends deutlich näher beim Einstieg liegt. Unter Risikogesichtspunkten findet sich damit eine günstigere Variante des möglichen Trades. So ist es selbstverständlich möglich, bei einer Umkehrkerze beides zu handeln, Trend oder Bewegung. Die Entscheidung wirkt sich nicht nur auf die Position der Stoppmarke aus, sie beeinflusst auch Positionsgröße oder Risikobetrag. Was die Abbildung für steigende Kurse verdeutlicht, gilt gleichermaßen für fallende. Im Bärenmarkt zeigt eine Umkehrkerze ohne Lunte und mit Docht, dass die Bewegung wahrscheinlich wieder nach unten dreht und damit eine Short-Position Sinn ergibt.

Handel mittels Trend im Trend

Sie wissen bereits, dass sich ein Trend aus unterschiedlichen Bestandteilen zusammensetzt und dass sich stets untergeordnete Trends identifizieren lassen. Dieses Merkmal eignet sich für ein brauchbares Setup. So handle ich sehr häufig Trend im Trend, und wer die Videos meiner Videothek oder meines YouTube-Kanals anschaut, wird immer wieder über derartige Beispiele stolpern. Trend im Trend heißt, einen übergeordneten Trend zu handeln, Einstieg und Stop-Loss jedoch aufgrund des untergeordneten Trends zu platzieren. Dies ist sinnvoll, um enge Stop-Positionen setzen zu können und damit sein Chance-Risiko-Verhältnis zu erhöhen. Ebenso hilft der Handel Trend im Trend dabei, frühzeitig ausgeführt zu werden und im Markt zu sein, bevor die meisten anderen Teilnehmer zum Zug kommen. Erinnern Sie sich bitte: Ein Einstieg bei P2 ergibt zwar aus charttechnischer Hinsicht Sinn, und wer dort agiert, wird auch gute Resultate erzielen. Doch befinden sich sehr viele limitgesteuerte Orders an diesen Punkten und diese verstärken Trends, sodass der Einstiegskurs oftmals zum eigenen Nachteil verschoben wird. Ihre Einstiege sollten daher idealerweise unter diesen Punkten liegen. Wer den Trend im Trend handelt, kann die optimale Position dafür im Chart ermitteln.

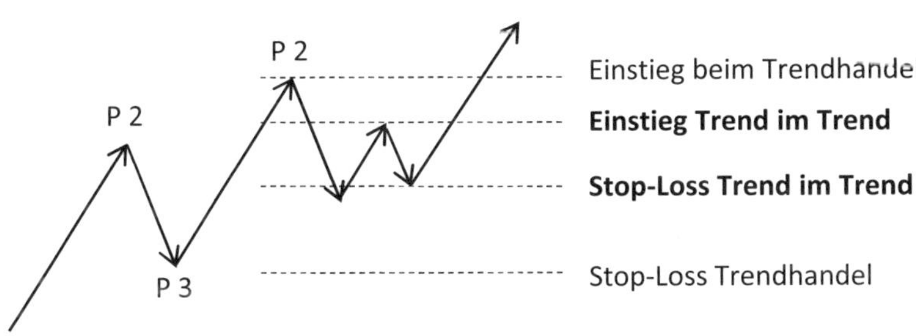

Abbildung 24: Einstieg und Stopp bei Trend im Trend

Sehr deutlich zeigt die Abbildung, dass Einstieg und Stopp deutlich günstiger liegen, wenn man Trend im Trend handelt. Dieser Handel verfügt damit über zwei zentrale Vorteile. Zum einen lassen sich engere Stopps wählen und so kann zum Beispiel die Positionsgröße steigen und damit auch der mögliche Gewinn. Zum zweiten erfolgt der Einstieg zu einem sehr frühen Zeitpunkt, bevor die Orders der anderen Marktteilnehmer am P2 ausgelöst werden. Oft bietet sich an diesen Stellen bereits die Möglichkeit, den eigenen Stop-Loss in den Gewinnbereich nachzuziehen. Endet die nachfolgende Korrektur erwartungsgemäß am großen P2, befindet sich die eigene Position schon deutlich im Gewinn. Nicht vergessen sollten Sie, neben dem Einstieg auch den initialen Stop-Loss aufgrund des untergeordneten Trends zu platzieren. Schön bei diesem Setup ist, dass es in allen Märkten funktioniert – egal ob es beispielsweise um Aktien, Devisen oder Rohstoffe geht. Den größten Erfolg im Sinne dieses Buches verspricht der Einstieg Trend im Trend, wenn Sie als übergeordnete Zeiteinheit den Tag wählen und das genaue Timing auf Stundenbasis erledigen.

Der Ausstieg

Dauert ein sauberer Trend an, besteht vom Grundsatz her kein Anlass auszusteigen. Im Gegenteil, wer konsequent dabeibleibt und immer wieder Positionen aufbaut, sichert sich seinen Anteil daran. Das gilt vor allem für den Aktienmarkt, dort dauern gerade die Aufwärtstrends oft sehr lange, und wer auf die richtige Trendgröße setzt, kann hohe Gewinne erzielen mit sehr wenigen Trades. Dabei gilt ein zentraler Punkt: Profite entstehen vor allem aufgrund der statistischen Wahrscheinlichkeit. Und diese drückt sich unter anderem in der beschriebenen Hoch- und Tiefpunkteregel aus. Gewinnmitnahmen in Korrekturen sollten Sie in einem sauberen Trend daher möglichst vermeiden und stattdessen stets Ihre Stop-Loss-Marken nachziehen. Erst wenn keine steigenden Hoch- und Tiefpunkte mehr zu sehen sind und die eindeutige Richtung verloren geht, heißt es, auf neue Positionen zu verzichten und auf einen Zeitpunkt zu warten, der wieder mehr Klarheit bringt. Ohnehin ist Aktionismus fehl am Platz, die gesetzten Stop-Loss-Marken schaffen ausreichende Sicherheit in solchen Phasen, sie verhindern Schaden an bestehenden Positionen und am Gesamtdepot. Oft laufen trendstarke Aktien besser als der Gesamtmarkt. Ohnehin sollte der Ausstieg in der Regel automatisch nach den Vorgaben erfolgen, die im Kapitel zum Risiko- und Money-Management zur Sprache kamen. Eine Ausnahme haben Sie in Trade Nr. 9 (Tripadvisor) kennengelernt. Diese Position habe ich manuell geschlossen, weil sich der Gesamtmarkt sehr unsicher zeigte und die Gefahren eines Rückschnellens zu groß wurden.

Hier soll es nun darum gehen, die Stop-Loss-Marken korrekt zu setzen, und was einfach klingt, erfordert einige Übung. So zeigt die Praxis, dass es vielen Tradern schwerfällt, Regeln stets korrekt zu befolgen. Sehr deutlich sehe ich diesen Zusammenhang immer wieder in meinen Seminaren und Coachings. Dort geht es vielen Teilnehmern vor allem um Themen rund um die konsequente Umsetzung von Handelsregeln. Die entsprechenden Mechanismen haben viel mit Psychologie zu tun, das noch folgende Kapitel wird einige davon erläutern. An dieser Stelle stehen zunächst die theoretischen Hintergründe im Fokus. So wissen Sie bereits, dass Sie mögliche Verluste konsequent begrenzen müssen und Ihre persönliche Marke von beispielsweise 1 Prozent des Gesamtportfolios als Stop-Loss setzen sollten. Konkret: Besitzen Sie 5.000 Euro und kaufen zehn Aktien zu 50 Euro, darf deren Kurs um 10 Prozent sinken, bevor der Stop-Loss greifen muss – die Versicherung gegen die »falsche« Kursbewegung. Sie sollten sich zudem vergegenwärtigen, dass ein zentrales Erfolgselement der Strategie darin besteht, Gewinne deutlich höher ausfallen zu lassen als mögliche Verluste. Bewegt sich der Kurs in die richtige Richtung, sollten Sie daher konsequent den Stop-Loss anpassen. Damit lassen sich mögliche Verluste verringern und nach einer gewissen Zeit sogar ganz ausschließen. Vielen Tradern kommen dabei jedoch die üblichen Korrekturen in die Quere, sie setzen ihre Stoppmarken zu knapp. Damit werden sie ausgestoppt und verpassen den Fortgang des eigentlich intakten Aufwärtstrends.

Wie setzt man nun die richtigen Stop-Loss-Marken? Um möglichst lange investiert zu bleiben, sollten die Stopps die Korrekturen in der Regel mit berücksichtigen. Diese Aufgabe lässt sich lösen, indem man den Umfang dieser Korrekturen vorab analysiert. Vor allem bei den Aktienmärkten hat sich gezeigt, dass alte P2 häufig die Niveaus darstellen, bis zu denen korrigiert wird. Es finden zwar selten Punktlandungen statt, aber knapp darunter oder darüber erfolgt in der Regel die Richtungsänderung. Es ergibt daher selten Sinn, Stoppmarken über diesen Niveaus zu platzieren. Vielmehr sollte Abstand gehalten werden. Im Beispiel läuft der Kurs bis zu P2, korrigiert bis zu P3 und setzt dann seinen Aufwärtstrend fort. Es ist daher sinnvoll, den Stop-Loss unter das Niveau von P3 zu platzieren. Im schematisch dargestellten Aufwärtstrend lassen sich die Systematik von Korrekturen und damit auch die optimale Platzierung von Stop-Loss-Marken deutlich erkennen:

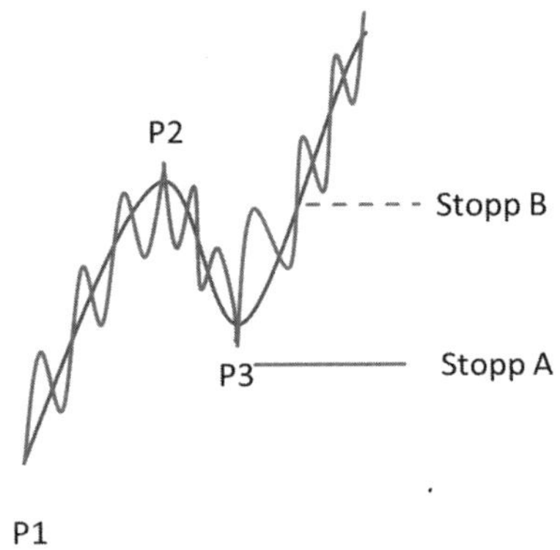

Abbildung 25: Stoppmarken

Abbildung 25 zeigt einen ungünstig gewählten Stopp-Kurs (Stopp B) und eine weitaus sinnvollere Variante (Stopp A). Korrigiert der Kurs wie so häufig bis an den letzten Hochpunkt, bleibt die Position mit Stopp A im Spiel und profitiert vom weiteren Anstieg. Sollte der Aufwärtstrend zu Ende gehen, ist trotzdem der (kleinere) Gewinn gesichert. Viele Trader haben jedoch Angst davor, einen Teil ihrer Gewinne wieder abgeben zu müssen, und setzen ihre Stopps sehr knapp unter den aktuellen Kurs. Mit dieser Haltung werden sie jedoch häufig Opfer des Marktgeschehens. Denn vor allem die Profis wissen, dass andere Händler ihre Stopps exakt auf das Niveau früherer Höchststände oder knapp darüber setzen. Oftmals drücken sie die Kurse deshalb so weit, dass diese Stopps ausgelöst werden, die Kurse dadurch weiter fallen und tiefere Einstiegsmarken entstehen. Besser ist es, der ursprünglichen Strategie treu zu bleiben und durch klug gewählte Stop-Loss-Marken ein Vielfaches des Risikos als Gewinn anzupeilen. Dieses Vorgehen erfordert zwar die mentale Stärke, den übergeordneten Trend auch bei Korrekturen mitzumachen, wird jedoch von überdurchschnittlichen Gewinnen belohnt.

Stimmen die folgenden Aussagen?

Was ist bei Ein- und Ausstiegen zu beachten?

1. Man sollte sich stets der Systematik von Bewegung und Korrektur bewusst sein.
2. Der Stop-Loss sollte möglichst weit vom Einstiegsniveau entfernt liegen.
3. Der Stop-Loss sollte möglichst nah am Einstiegsniveau liegen.
4. Ein P3 bietet in der Regel eine gute Stelle für den Einstieg.
5. Der Bewegungshandel bietet meist engere Stopps als der Trendhandel.

Bestimmung der Großwetterlage

Sie wissen bereits, dass sich Geld mit der Strategie und den Handelsansätzen aus diesem Buch am einfachsten auf Stunden- und Tagesbasis verdienen lässt. Auf diesen Zeiteinheiten manifestieren sich die handelbaren Trends am besten. Vor allem Einsteigern rate ich deshalb, zunächst mit dem Handel auf Tages- oder gegebenenfalls auf Stundenbasis zu starten. Damit dieser Ansatz auch in der Praxis funktioniert und tatsächlich die erwartete Performance bringt, ist jedoch ein erweiterter Blick erforderlich. So entscheidet nicht nur »Ihre« Zeiteinheit – etwa der Tag – über die Erfolgsaussichten eines Trades, ebenso spielt die Großwetterlage mit hinein. Dabei handelt es sich um die übergeordnete Chartsituation beim jeweiligen Underlying. Es gilt nicht nur Stunden- und Tagescharts zu beachten, auch das übergeordnete Bild auf Wochenbasis spielt eine wichtige Rolle. Die Regel dabei ist ganz einfach: Der Trendverlauf in der kleinen Zeiteinheit sollte auch auf der nächstgrößeren Zeiteinheit und Trendgröße zu sehen sein. Sieht der Wochenverlauf gut aus, bietet sich bei einem ebenso sauberen Trend auf Tages- oder Stundenbasis ein guter Einstieg.

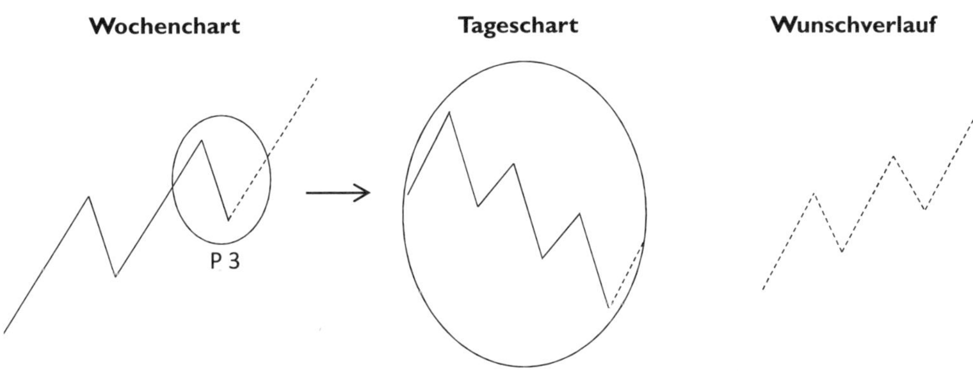

Abbildung 26: Über- und untergeordnete Trends

Der saubere Trend im Wochenchart zeigt sich auch bei der Korrektur im Tageschart. Damit sich – wie erwartet – nach P3 eine Einstiegschance bietet, muss der Chart den Wunschverlauf nehmen. Tut er dies, wird der Trend bestätigt und alles deutet auf einen weiteren Anstieg hin. In dieser Situation sollten Sie den weiteren Verlauf daher einige Tage beobachten und Ihren Einstieg nach den bereits erläuterten Regeln planen. Setzen Sie beispielsweise auf den Trend auf Wochenbasis, könnten Sie den Einstieg im untergeordneten Trend auf Tagesbasis festlegen. So ist es in der Regel sinnvoll, vor einem Einstieg die verschiedenen Zeiteinheiten anzuschauen und dabei zu prüfen, ob sich die Trends beispielsweise im Wochen-, Tages- oder Stundenchart gleich präsentieren. Wer schrittweise die Zeiteinheiten verkleinert, kann die jeweils untergeordneten Trends analysieren. Zeigt der übergeordnete Trend in die gleiche Richtung wie der für den Handel auserkorene Trend, ist ein Einstieg auf der nach Risiko- und Money-Management sowie

Trendaufbau gebotenen Zeiteinheit sinnvoll. Die Grundlagen dafür kennen Sie bereits: Nach zwei steigenden Hoch- und Tiefpunkten hat sich ein Aufwärtstrend etabliert, fallen sie, ist ein Abwärtstrend entstanden. Beide lassen sich nutzen.

Trade Nr. 10: DAX (short), intraday

Um ein breites Bild der existierenden Handelsmöglichkeiten zu vermitteln, wollte ich ganz unterschiedliche Ansätze im Live-Depot präsentieren. Nachdem ich bereits neun Trades auf den größeren Zeiteinheiten und mit unterschiedlichen Instrumenten durchgeführt hatte, wollte ich nun auch intraday aktiv werden – zumal hier die Vorlieben vieler Trader liegen. Ungeachtet der Zeiteinheit muss immer die gleiche Voraussetzung erfüllt sein: die Existenz eines sauberen Trends. Diese war auch im Februar gegeben, die Börsenstimmung sah alles andere als gut aus und deshalb war es folgerichtig, auf einen weiteren Kursverfall zu setzen. Da die Kurse jedoch schon sehr weit abgesackt waren, wollte ich keinen längerfristigen Trade mehr eingehen und die Chancen stattdessen intraday suchen. Diese boten sich zum Beispiel beim DAX und der Einstieg kam infrage, als mehrere Tiefs durchbrochen wurden. Derartige Situationen erweisen sich oftmals als gute Einstiegspunkte, weil eine große Dynamik entstehen kann und Kurse sehr schnell absacken. Das gilt vor allem dann, wenn bestehende Tiefpunkte mehrfach getestet wurden.

Einstieg

Tageschart

Wert: DAX, Instrument: CFD, Ausrichtung: short

Dieser Trade bot sich auch deshalb an, weil sich der bestehende Abwärtstrend in allen Zeiteinheiten ausgebildet hatte, egal ob auf Tages-, Stunden- oder Minutenbasis. Im oben abgebildeten Tageschart lassen sich der große und kleine Trend erkennen, im Minutenchart unten zudem noch der Trend im Trend mit einer P1-, P2- und P3-Formation. Diesen wollte ich handeln und aus dem Chart ergab sich auch ein Stop-Loss über P3 mit einem Abstand von circa 30 Punkten. Ein sehr enger Stopp also und damit optimal für den Intradayhandel. Gut erkennbar ist zudem die Abwärtsbewegung in Form einer großen Kerze, noch ein Anzeichen für die große Dynamik im Kursverlauf. Die Idee hieß, den Trend auf Minutenbasis zu nutzen mit dem Ziel der Tiefs auf Tages- und Stundenbasis. Die Order habe ich unter das letzte Tief platziert und der Pfeil im folgenden Minutenchart zeigt die Stelle, an der die Order ausgeführt wurde.

Minutenchart

Datum	Preis	Stück	Gebühren	Risiko
05.02.2016	9.278 €	1	1 €	30 €

Damit auch die Inhaber kleiner Konten diesen Trade handeln können – mit dem DAX-Future wäre das nicht möglich – und um nochmals ein weiteres Instrument vorzustellen, kam ein CFD zum Einsatz. Die Vorgehensweise ist jedoch dieselbe, der hier verwendete CFD wertet Indexpunkte wie Euro und jeder Punkt Veränderung des DAX zahlt sich daher in barer Münze im Depot aus. Gewählt habe ich den IBDE30 und ihn zunächst verkauft – short – und später zurückgekauft. Der Kurs korrigierte in der Folge ein kleines Stück und markierte danach ein neues Tief. Damit ergab sich die Gelegenheit, den Stopp um 13 Punkte nach unten zu ziehen und damit den möglichen Verlust zu begrenzen. Leider kam es danach zu einer erneuten Korrektur und in einer sehr großen Aufwärtskerze wurde der Stop-Loss ausgelöst. Durch das konsequente Stoppmanagement ist lediglich ein minimaler Verlust in Höhe von 17 Euro angefallen.

Ausstieg

Datum	Preis	Stück	Gebühren	Risiko	Verlust
05.02.2016	9293	1	1 €	30 €	17,00 €

Realisierte Performance: minus 17 € oder 0,183 %

DAS SCREENING

Die letzten Kapitel haben sich mit Trends beschäftigt und die Mechanismen sowie Muster dahinter beleuchtet. Zudem ging es darum, wie sich Ein- und Ausstiegspunkte ergeben und wie sich diese praktisch für den Handel nutzen lassen. Doch all diese Kenntnisse nutzen wenig, wenn das konkrete Underlying fehlt. Wer ausschließlich mit Währungspaaren handelt, braucht in der Regel keinen großen Aufwand, er konzentriert sich meist nur auf wenige davon. Ganz anders sieht es am Aktienmarkt aus. Wie lässt sich angesichts mehrerer Tausend Unternehmen ein vielversprechender Wert identifizieren? Welche Börse bietet sich aktuell an? Kurz: Wann sollte ich in einem Markt sein und wo sollte ich im Markt sein? Antworten auf solche Fragen möchte ich in diesem Kapitel geben. Es wird darum gehen, wie sich aus Tausenden von Aktien diejenigen Papiere identifizieren lassen, die ein Engagement lohnen. Dieser Aufwand ergibt Sinn, denn in fast jedem Markt lassen sich Under- oder Outperformer identifizieren, also Werte, die sich besser oder schlechter entwickeln als der übergreifende Index. Diese Erkenntnis berücksichtigen übrigens auch die Profis und sie versuchen ebenfalls, die besten Werte zu finden und diese zu handeln. Die Folge: Je mehr Marktteilnehmer einen bestimmten Wert oder Markt identifizieren, desto kräftiger fällt die Performance aus und umso höher liegt die eigene Gewinnwahrscheinlichkeit. Diese Präferenzen an den Märkten gilt es also herauszufinden und so ist Screening nichts anderes als ein systematisches Testverfahren, um die größten Chancen zu erkennen. Dazu sind zwei unterschiedliche Voraussetzungen erforderlich, einerseits muss man die richtigen Werte identifizieren, andererseits den passenden Zeitpunkt. Wer regelmäßig screent, erhält damit also Kandidaten für sein Handeln. Ob daraus tatsächlich konkrete Trades erwachsen, hängt dann zum Beispiel davon ab, ob die im Handelsplan festgelegten Bedingungen erfüllt sind oder ob sich Einstiegspunkte finden.

Wer die Strategie aus diesem Buch an den Aktienbörsen umsetzen möchte, findet im Auswahlprozess die Hauptarbeit. Dieses Screening schluckt 80 bis 90 Prozent der Zeit, die nötig ist, um ein kleines Konto groß zu traden. Und diese Zeit ist gut investiert, meist nutze ich das Wochenende oder den Montagmorgen dazu und so habe ich mir schon vor Wochenstart einen sehr guten

Überblick verschafft. Wichtig ist in diesem Zusammenhang, systematisch und professionell vorzugehen. Dazu braucht es zunächst eine umfassende Vorbereitung. So sollte man den avisierten Markt genau betrachten und sich die Systematiken anschauen, die beispielsweise bisher starken Anstiegen oder Verlusten vorausgegangen sind. Dabei lassen sich etwa bestimmte Konsolidierungsbewegungen identifizieren, die bisher immer vor solchen starken Bewegungen stattfanden. Ist nun wieder eine derartige Konsolidierung zu beobachten, besteht die hohe Wahrscheinlichkeit der Wiederholung dieses Musters. Damit verfüge ich über eine Systematik und muss sie lediglich erkennen. Auch lohnen sich Gedanken darüber, wie die anderen Marktteilnehmer ticken. Werte mit unklaren Kursbewegungen finden zum Beispiel sehr viel seltener Aufnahme in die Portfolios der Großen. Verkürzt gesagt lässt sich dieser Zusammenhang mit »Stärke erzeugt Stärke und Schwäche erzeugt Schwäche« zusammenfassen. Deshalb lege ich beim Screening großen Wert darauf, die Papiere mit den eindeutigsten Kursverläufen zu identifizieren. Diese werden auch den anderen Tradern auffallen.

Meiner Erfahrung nach ergibt es vor allem für Anfänger keinen Sinn, automatische Verfahren zu nutzen. Erstens verschafft der geschilderte Screeningprozess einen umfassenden Überblick über die Märkte und dieser ist nötig, um dauerhaft profitabel zu agieren. Zweitens beruhen automatische Verfahren – gegebenenfalls von Drittanbietern – auf Regeln, die man nicht unbedingt kennt und die auch nicht funktionieren müssen. So kann es dazu kommen, dass bei automatisierten Verfahren zu viele interessante Werte durchs Raster fallen. Manuell erkenne ich beispielsweise besser, wie es um die innere Stärke einer Aktie bestellt ist, und so wird es auch Ihnen gehen, wenn Sie ebenfalls den beschriebenen Screeningaufwand treiben. Sie entwickeln ein Gefühl für die Märkte. Doch möchte ich die Nachteile manueller Verfahren nicht verschweigen. An erster Stelle steht sicher der Zeitaufwand, einige Stunden pro Woche sind erforderlich. Ebenso kann sich eine gewisse Subjektivität einstellen. Klar, wer Werte immer wieder betrachtet, entwickelt bestimmte Sichtweisen oder Einstellungen und man sollte sich beispielsweise davor hüten, Lieblingsaktien unreflektiert zu handeln. Beim manuellen Screening erhält man außerdem fast immer zu viele Ergebnisse. So hatte ich oft Angst, den besten Wert zu übersehen. Heraus kam eine sehr lange Liste und ich konnte das Ergebnis gleich nochmal durchforsten. Hier braucht es also klare Kriterien, damit eine praktikable Anzahl übrig bleibt. Doch grundsätzlich gilt: Vor allem zu Beginn einer Traderkarriere tragen manuelle Prozesse dazu bei, die nötige Erfahrung zu entwickeln, und das Screening gehört meiner Erfahrung nach auf jeden Fall dazu.

Das Screening gleicht einem Trichter, es startet mit einem sehr breiten Fokus und filtert eine Liste mit 10 oder 20 Aktien heraus, die alle bereits beschriebenen Voraussetzungen eines sauberen Trends mitbringen und deren Bewegungen möglichst stärker ausgeprägt sind als die anderer Werte und des Index. Denn schließlich bezweckt das Screening, überproportional von der vorherrschenden Marktentwicklung zu profitieren. Wollte man das nicht, wäre das gesamte Trading überflüssig. Denn dann würde es ausreichen, beispielswiese einen DAX- oder NASDAQ-ETF zu kaufen und über die nächsten Jahre hinweg nicht mehr zu beachten. Unter dem Strich kämen höchstwahrscheinlich die erwähnten 6 bis 8 Prozent Performance pro Jahr heraus und man wäre immer noch besser bedient als mit den meisten Angeboten auf dem Investmentmarkt. Doch Trading bezweckt ja gerade, den Markt zu schlagen. Deshalb ergibt es schon grundsätzlich keinen Sinn, schwache Werte herauszusuchen. Hauptzweck des Screenings muss daher sein, die Outperformer zu entdecken. Egal ob es bergauf oder bergab geht: Ein für das Trading im Sinne der hier vorgestellten Strategie geeigneter Wert muss sich stärker entwickeln als der Markt und gutes Screening bildet den Schlüssel zum Erfolg. Wer diese Aufgabe jede Woche aufs Neue leistet und die Märkte im Blick behält, kann sich einen Riesenvorteil zunutze machen: Er bekommt ein Gefühl für den Zustand der Börsen. Er weiß stets, was geschieht, und kann Trendwechsel daher frühzeitig identifizieren. Diese Kenntnis eröffnet die Chance, Trades bereits bei der ersten P1-, P2-, P3-Formation zu platzieren. Damit ist es möglich, sehr lange vom nun beginnenden Trend zu profitieren und überproportionale Gewinne zu erzielen. Auch wenn diese Aufgabe anfangs lästig erscheinen mag, sie bildet eine unabdingbare Voraussetzung für ein erfolgreiches Trading. Zudem ist diese Arbeit nur einmal pro Woche erforderlich. Für die jeweilige Handelswoche verfüge ich damit über die geeigneten Tradingkandidaten und muss nur noch darauf achten, wann und wo sich die passenden Einstiegspunkte zeigen.

Der erste Schritt eines Erfolg versprechenden Screenings besteht in einem Blick auf die großen und maßgeblichen Märkte. Dabei handelt es sich vor allem um S&P 500 sowie NASDAQ 100. Sie zeigen, wie es um die Stimmung steht. Wer deutsche Werte handelt, sollte zudem den Verlauf des DAX im Auge behalten. Den aktuellen Trend dieser Indizes gilt es herauszufinden; er gibt Hinweise darauf, nach welchen Kriterien der Screeningprozess überhaupt ablaufen soll. Fallen zum Beispiel der Index und 90 oder 95 Prozent aller enthaltenen Aktien, ergibt es keinen Sinn, die verbleibenden 5 oder 10 Prozent Gewinner für einen Long-Trade identifizieren zu wollen. Jeder erspart sich sehr viel Stress, wenn er marktkonform agiert. Der erste Schritt des Screenings besteht also in einem Blick auf den Gesamtmarkt. Dabei sollten nicht nur einige Tage oder Wochen in den Fokus rücken, die Entwicklung im letzten halben oder ganzen Jahr verrät sehr viel mehr über den aktuellen Trend. Hier gelten die Regeln aus dem Trend-Kapitel, ich erinnere beispielsweise an steigende und fallende Hoch- und Tiefpunkte oder an den 200-Tage-Durchschnitt. Mit deren Hilfe lässt sich die allgemeine Marktverfassung meist klar erkennen. Besteht ein sauberer Auf- oder Abwärtstrend, stehen zwei Möglichkeiten zur Verfügung: Erstens kann man den Index als Ganzes handeln und auf Futures, ETFs oder CFDs setzen. Zweitens stehen Einzelaktien aus den jeweiligen Märkten zur Verfügung und diese Wahl ist oft die bessere. So bezweckt das Screening ja gerade, Aktien zu finden, die deutlich stärker reagieren als der Gesamtmarkt. Einen ersten Anhaltspunkt über die Performance eines Werts im Verhältnis zum Index liefert das sogenannte Beta. Ein Wert höher als 1 bedeutet, dass sich die Aktie stärker bewegt als der jeweilige Index. Im Kapitel über Broker und andere Dienstleister kamen bereits die kostenlosen Plattformen zur Sprache, deren Scanner eine Auswahl nach dieser Kennzahl gestatten. Meiner Erfahrung nach kann das Beta jedoch nur einen ersten Anhaltspunkt liefern und es gilt, die einzelnen Indizes und Aktien näher zu betrachten. Beim Blick auf den Gesamtmarkt gilt es zudem herauszufinden, welche Marktphase derzeit vorherrscht. Steigen die Kurse, fallen sie oder handelt es sich um einen Seitwärtstrend?

Oftmals unterscheiden sich die Verfassungen verschiedener Märkte. So kann beispielsweise der NASDAQ 100 einen deutlich stärkeren Aufwärtstrend zeigen als der S&P 500. Deshalb sollte man sich in derartigen Situationen auf NASDAQ-Werte beschränken, der Screeningaufwand lässt sich damit stark senken. Bewegen sich die Märkte jedoch annähernd im Gleichklang, möchte ich von einer derartigen Beschränkung abraten. In solchen Fällen habe ich gute Erfahrungen damit gemacht, etwas mehr Aufwand zu treiben und wöchentlich alle Aktien aus S&P 500 sowie NASDAQ 100 anzuschauen. Wer auch deutsche Aktien handelt, muss zudem einen Blick auf die 30 DAX-Werte werfen. Diese Prozedur mag aufwendig klingen, kostet jedoch insgesamt nur zwei bis drei Stunden. Denn wenn ich mir den Indexverlauf einpräge, sehe ich danach jeweils auf einen Blick, ob eine Aktie meinen Kriterien genügt oder nicht und wie sie sich im Verhältnis zum Index bewegt. Genau an dieser Stelle bekomme ich das erwähnte Gefühl für die Märkte. Mit seiner Hilfe erkenne ich auch die Stärke der jeweiligen Richtung deutlich besser und kann sie in die Entscheidung miteinbeziehen. Möchte ich beispielsweise long traden, suche ich solche Werte aus, die vor allem bei Erholungen stark profitieren und die von Abwärtsbewegungen eher unterdurchschnittlich betroffen sind. Für mich hat sich eine einfache Regel bewährt: Long handele ich vor allem diejenigen Aktien, die in der Korrektur weniger an Wert verloren haben als der Index. Ebenso wäre es unklug, in der jüngeren Vergangenheit starke Werte zu shorten oder auf den Anstieg schwacher Aktien zu setzen. Meist teile ich meine

Ergebnisse in besonders starke und schwache Papiere auf und erhalte somit eine Long- sowie eine Short-Liste. Diese Aufteilung gestattet, bei fast allen zukünftigen Kursverläufen agieren zu können. Meine Frage im Hintergrund lautet stets, ob ein konkretes Papier zur jeweils beabsichtigten Strategie passt. Die beschriebene manuelle Auswahl lässt sich durch automatische Hilfsmittel beschleunigen. Zeigt sich der Markt zum Beispiel in einer guten Verfassung, kann man mithilfe einer guten Software etwa alle Werte herausfiltern, die unter dem 200-Tage-EMA notieren. Diese zeigen Schwäche im Gegensatz zum Gesamtbild. Meist fällt dadurch von 500 oder 600 Werten die Hälfte heraus. Doch möchte ich davor warnen, weitergehende Automatismen ohne praktische Erfahrung beim Screening einzusetzen. Sie sollten unbedingt verstehen, nach welchen Kriterien Sie screenen, und gleichzeitig sollten Sie Ihr automatisches Screeningtool verstehen.

Ergebnis dieses Screenings sind 10 bis 20 Werte pro Woche, und wer diese Analyse vor Wochenbeginn vornimmt, muss in den kommenden Tagen nur noch seine wenigen Werte verfolgen. Ich halte es übrigens für wichtig, auch einige fundamentale Kriterien zu berücksichtigen. Dazu gehören beispielsweise eine ausreichend große Marktkapitalisierung und ein hohes Durchschnittsvolumen. Diese Kriterien gewährleisten den problemlosen Handel zu fairen Preisen. Vor allem bei deutschen Nebenwerten kann es in hitzigen Marktphasen schwer werden, Positionen zum aktuellen Kurs zu schließen. Es fehlen schlicht Angebot oder Nachfrage. Derartige Charts weisen dann Lücken auf, es ist kein durchgängiger Kursverlauf zu sehen. Wer trotzdem solche Werte handeln möchte, sollte sich der Risiken bewusst sein. Zudem liegen Geld- und Briefkurs (englisch bid und ask) bei kleinen Werten oftmals weit auseinander. Dazu ein Beispiel: Bei DAX-Werten pendelt diese Spanne meist um wenige Cent, im MDAX werden es schon deutlich mehr, und wenn es gar um Exoten geht, liegt dieser sogenannte Spread auch schon mal bei 0,5 oder 1 Prozent. Wer hier Positionen eröffnet, verzeichnet unmittelbar nach dem Einstieg bereits ein Minus und zusätzlich verlängert sich der Weg zum Stopp. Bei DAX- oder den größeren US-Werten bestehen derartige Gefahren nicht. Doch existieren noch weitere Kriterien für die Auswahl. So sortiere ich Billigaktien für weniger als 5 Dollar oder Euro aus. Was so tief gefallen ist, birgt die Gefahr einer Pleite und damit wäre mein eingesetztes Geld weg. Jeder Einzelwert soll also über die nötige Liquidität verfügen und seine Verlustgefahren müssen begrenzt sein. Eine weitere Bedingung kam bereits zur Sprache: Ich handle nicht über die sogenannten Earnings hinweg.

Das Screening ergibt übrigens auch in Seitwärtsphasen Sinn. Zwar sollten Sie nur in eindeutigen Auf- oder Abwärtstrends handeln, doch mitunter enden diese Phasen nach wenigen Tagen. In derartigen Situationen ist es sinnvoll, bereits die Kandidaten für den dann beginnenden Auf- oder Abwärtstrend zu kennen. So können Sie sehr frühzeitig handeln. In diesem Zusammenhang sollten Sie sich stets vergegenwärtigen, dass sich eine gute Performance von 20 Prozent plus x bereits mit sehr wenigen Trades realisieren lässt. Es schadet daher nicht, wenn Sie zusammengerechnet einige Monate pro Jahr aussetzen, in denen sich kaum Chancen auf Tages- oder Stundenbasis zeigen. Anders präsentiert sich die Situation, wenn Sie über mehr Erfahrung verfügen und auch in kurzen Zeiteinheiten agieren können. Dann erhalten Sie auch in Seitwärtsphasen größerer Zeiteinheiten interessante Trends, die Möglichkeiten eröffnen. Meist ist es jedoch sinnvoll, derartige Positionen spätestens zu Handelsschluss wieder zu schließen. Vor allem kleine Konten eignen sich in der Regel nicht für den Intraday-Handel. Viel Hin und Her macht Taschen leer – Sie kennen diesen Spruch vielleicht, und wer zu häufig agiert, macht vor allem seinen Broker reich. Werden etwa Gebühren in Höhe von 0,1 Prozent oder mehr der Ordersumme fällig, fressen diese in der Regel einen Großteil des Gewinns einer Transaktion zum Beispiel auf Fünf- oder Zehnminutenbasis auf. Gerade im deutschen Markt mit seinen vergleichsweise hohen Gebühren bieten sich am besten mittlere und große Zeiteinheiten für das Trading an. Für US-Börsen berechnen manche Broker dagegen nur 1 bis 2 Dollar für eine 10.000-Dollar-Order. Hier versprechen untertägige Transaktionen daher deutlich bessere Renditen. Weil viele Trader trotzdem sehr große Fans des Intradayhandels sind, folgt noch ein Kapitel zu diesem Thema.

Screening am Beispiel

Und wie erfolgt dieses Screening nun praktisch? Ganz einfach, ich gehe die 30 DAX-Werte, die 500 S&P-Aktien sowie die 100 NASDAQ-Aktien nacheinander durch, werfe einen kurzen Blick auf den Chart und klicke weiter. Hierbei hilft eine Chartsoftware, die eine derart unkomplizierte Bedienung ermöglicht, und die bereits genannten Broker bieten derartige Funktionalitäten in der Regel. Selbst bei den Kostenlosseiten im Internet lassen sich Listen mit Werten zusammenstellen, mitunter muss man vorher die eigene E-Mail-Adresse angeben und ein Konto anlegen. Bereits nach einigen Übungsrunden werden Sie feststellen, wie schnell Sie geeignete Werte identifizieren können. Diese nehme ich in meine Wochenliste auf. Noch kurz zu den Charteinstellungen: Es ist sinnvoll, einen Zeitraum von mindestens sechs Monaten anzeigen zu lassen, nur dann ergibt sich ein aussagekräftiges Bild der jeweiligen Werte. Zudem gehört zumindest der 200-Tage-Durchschnitt mit in den Chart. Als Darstellungsart bevorzuge ich Candlesticks, vor allem aufgrund ihres hohen Informationsgehalts und der einfachen Lesbarkeit. Doch nun genug der Vorrede, als erstes Beispiel möchte ich ein konkretes Screening vorstellen, wie es während der viereinhalb Monate der Echtgelddepotlaufzeit stattgefunden hat. Hierbei geht es um die Werte aus dem NASDAQ 100, das Screening habe ich am 1. Februar 2016 live im Webinar durchgeführt. Der erste Schritt besteht darin, die aktuelle Trendrichtung zu erkennen. Grob lässt sich dies anhand des 200-Tage-Durchschnitts feststellen: Befindet sich der aktuelle Kurs darüber, befindet sich der Markt in einem Aufwärtstrend, und liegt er darunter, handelt es sich um einen Abwärtstrend. Die folgende Abbildung zeigt den Index im Tages- und im Stundenchart, der Durchschnitt ist durch die mittlere unebene Linie eingezeichnet, zusätzlich habe ich Trendlinien eingefügt.

Abbildung 27: Erster Schritt beim Screening

Bei der Betrachtung des NASDAQ-Future im Tageschart fällt sofort der starke Abwärtstrend der Tage vom 1. bis zum 19. Januar auf, der 200-Tage-Durchschnitt wurde nach unten durchbrochen. Was auf den ersten Blick nach einer Chance für einen Short-Trade aussehen mag, birgt jedoch Gefahren. Angesichts des starken Verfalls war es eher wahrscheinlich, dass eine Gegenreaktion erfolgt. Ohnehin zeigt der Chart ein Mehrfachtief auf diesem Niveau, im August und September 2015 wurde der Indexstand von rund 4.030 Punkten bereits getestet, die dicke Linie zeigt dieses Niveau. An solchen Extrempunkten sollte man eher nicht auf einen weiteren Absturz wetten und stattdessen die technische Gegenreaktion abwarten. Zu dieser kam es dann auch, der Chart zeigt die Korrektur, die Kurse stiegen in der Folge bis zum 24. Januar kräftig an. Wechselt man in den Stundenchart, lässt sich die schöne Seitwärtsbewegung am 25. gut erkennen und genau an derartigen Stellen lohnt es sich nun, die Augen offen zu halten. Geht der Abwärtstrend zu Ende oder handelt es sich nur um eine Korrektur? Werden in der Folge die bestehenden Tiefs (oder Hochs) durchstoßen, kommt es meist zu sehr starken Kursbewegungen. Zunächst erfolgt ein kurzer technischer Rücklauf an den jeweiligen Extrempunkt und dann geht alles sehr schnell. Wer diesen Moment nutzt, kann in sehr kurzer Zeit sehr viel Geld verdienen.

Noch fehlt jedoch die Klarheit, und wenn Sie ein Chartbild wie das oben abgebildete sehen, können Sie den zukünftigen Kursverlauf nicht mit hinreichender Sicherheit prognostizieren. Zwar befindet sich der NASDAQ technisch gesehen noch in einer Short-Situation, die erforderliche Wahrscheinlichkeit für Trades zeigt sich jedoch erst dann, wenn der Markt Unterstützungen oder Widerstände bricht. Deshalb ist es sinnvoll, vorab die Einzelaktien auszuwerten. Wer deren Stärke oder Schwäche analysiert, kennt bereits die geeigneten Kandidaten für Short- oder Long-Trades. Selbst für Berufstätige sollte es kein Problem darstellen, um 18 oder 19 Uhr die Situation anzuschauen und die entsprechenden Trades vorzubereiten. Besteht dann Klarheit über den aktuellen Verlauf, werden einige Kandidaten bereits zu weit gelaufen sein. Fast immer bleiben jedoch Werte aus der Liste übrig, bei denen der Einstieg noch möglich ist und wo sich passende Setups umsetzen lassen. Am Beispiel des NASDAQ 100 werde ich nun erläutern, wie man beim Screening konkret vorgehen kann. Zunächst einmal filtere ich von A bis Z diejenigen Aktien heraus, die analog zum Index short sind. Dieses Kriterium genügt jedoch nicht, vermutlich umfasst die Liste 80 oder 90 Positionen. Geeignete Einzelwerte zeichnen sich dadurch aus, dass sie schwächer als der Index sind. Ihre Abwärtsbewegung muss also deutlich stärker ausfallen, als es beim NASDAQ zu sehen war, und auch die Erholungen sollten weniger deutlich ausgeprägt sein. Um diese Bedingung zu illustrieren, möchte ich zwei Aktien gegenüberstellen. Die erste zeigt kein geeignetes Bild, die zweite kommt für Short-Trades infrage.

Für Short-Trades ungeeignet

Für Short-Trades geeignet

Abbildung 28: Zweiter Schritt beim Screening

Der Unterschied der beiden Werte lässt sich auf den ersten Blick erkennen. Die links abgebildete Aktie (ATVI) ist zwar mit dem Gesamtmarkt gefallen, jedoch deutlich weniger stark. Zudem befindet sich der Kurs noch oberhalb des 200er-EMA. All das spricht für die Stärke von ATVI. Erholt sich der NASDAQ entgegen der Annahme, könnte diese Aktie überproportional profitieren. Ein Long-Kandidat also. Bei ADSK dagegen ging es bereits abwärts, als sich der Markt noch in einer Seitwärtsphase befand, und der Absturz ging deutlich weiter als bei ATVI. Sollte der Kursverfall jetzt wieder einsetzen, bietet ADSK deutlich mehr Abwärtspotenzial als ATVI und ist daher für Short-Trades zu präferieren. Was auffallen dürfte: Bereits im Buchstaben A findet sich ein geeigneter Wert, die Identifizierung von Kandidaten für einen Trade macht also keine Schwierigkeiten. Grundsätzlich geht es beim Screening also darum, ein Gefühl für die Aktien zu bekommen und zu sehen, ob sie stärker oder schlechter abschneiden als der Index und andere Werte. Viele Marktteilnehmer handeln übrigens ähnlich, was häufig zu einer Verstärkung des bestehenden Trends führt. Auch diese setzen auf Werte, deren Eignung auf den ersten Blick erkennbar ist. Beim Screening fällt auch auf, ob ein Wert gute Stopp-Positionen bietet. Darauf sollten Sie achten, denn je enger die Stopps ausfallen, die der Chart anbietet, desto weniger Geld müssen Sie riskieren.

Da das Thema Screening einen Schlüssel darstellt, um ein kleines Konto groß zu traden, möchte ich das Ganze mit weiteren Beispielen vertiefen und die Beurteilungen zu den einzelnen Werten erläutern. Auch hierzu blicke ich wieder auf den US-Markt. Der Grund dafür ist ganz einfach: Am Kursverlauf im Zuge der Trump-Wahl lassen sich die Bewegungen außerordentlich gut erkennen und auch der Zusammenhang von Kursen, Ereignissen und Nachrichten wird deutlich. Wie zuvor soll auch hier zunächst der Index im Mittelpunkt stehen, der NASDAQ100.

Abbildung 29: Szenario Ende Januar 2017

Sehr gut zu sehen ist der heftige Ausschlag am Wahltag. Nachdem der Sieg von Donald Trump feststand, ging es zunächst stark abwärts und in der Folge kam es zu einem eindrucksvollen Aufwärtstrend. Dieser zeigt sich einerseits am Kursverlauf oberhalb der 200er-Durchschnittsline, andererseits an den steigenden Tief- und Hochpunkten. Schön, wer dabei war! Doch soll es hier um die Beurteilung der auf dem Chart zu sehenden Situation am 31. Januar gehen. Die Frage: Lohnt sich ein Einstieg oder nicht? Nach den erwähnten Regeln der Strategie sind noch immer alle Voraussetzungen dafür gegeben, es fehlt lediglich ein konkretes Einstiegssetup. Diese Einschätzung hat sich in den Wochen danach bestätigt, der oben zu sehende kleine Rücksetzer bedeutete lediglich eine Atempause.

Abbildung 30: Weiterer Kurserlauf

Nach der Korrektur erfolgte der Durchbruch über den vorherigen Höchstkurs – hier mit einer waagerechten Linie verdeutlicht – und anschließend die nächste starke Aufwärtsbewegung. Mustergültig zeigt sich ebenfalls der weitere Verlauf, bis Mitte März erfolgten weitere Korrekturen und Anstiege. Hoch- und Tiefpunkte sind jeweils mit Pfeilen gekennzeichnet. Dieser Blick auf den Index zeigt also alle Kriterien eines stabilen Aufwärtstrends. Diesen können Sie entweder mit einem Produkt auf den Index handeln oder indem Sie nach Einzelwerten suchen, die eine noch bessere Performance aufweisen. Bevor diese zur Sprache kommen, möchte ich noch auf die Saisonalität hinweisen. Analog zum Live-Depot aus den Jahren 2015/2016 hat der Einstieg im Oktober 2016 wieder zu einem satten Gewinn geführt. Wer derartige Muster berücksichtigt und das Nachziehen der Stopps nicht vergisst, erhält die Chance auf eine beachtliche Performance. Alle Möglichkeiten ausschöpfen lassen sich beim Blick auf die Einzelwerte. Diesen möchte ich nun etwas ausführlicher vornehmen und dabei ganz unterschiedliche Aktien anschauen, an denen sich die jeweilige Verfassung und sogar Tradeideen verdeutlichen lassen. Alle Abbildungen zeigen Tagescharts. Den Anfang macht Adobe.

Abbildung 31: Screening ADBE

Analog zum NASDAQ lassen sich auch bei ADBE die Kriterien für einen intakten Aufwärtstrend erkennen, die Aktie befindet sich über dem 200-Tage-Durchschnitt und es sind steigende Hoch- und Tiefpunkte sichtbar. Analog zum Gesamtmarkt korrigiert auch die Aktie im obigen Chart – ADBE erfüllt also die Kriterien, um in die Watchlist zu kommen. Damit sind mehrere Setups denkbar, um in einen möglichen Trade auf Tagesbasis einzusteigen. Im folgenden Chart ist ein solches eingezeichnet. So kann der Einstieg bei Überspringen des vorigen Höchststandes erfolgen, in diesem Fall läge der Stop-Buy also bei circa 114,60 Dollar und der Stop-Loss bei circa 112 Dollar. Zur Erinnerung wieder die Rechnung zum Einstieg: Der Abstand von 2,60 Dollar ermöglicht es bei einem Risiko von 100 Dollar, 38 Aktien zu kaufen. Damit bietet ADBE eine sehr schöne Gelegenheit, der Stop-Loss im Tageschart liegt sehr nah am Einstiegsniveau.

Abbildung 32: Einstiegsmöglichkeiten ADBE

Ein weiteres Setup könnte man beim Blick auf den untergeordneten Chart entwickeln und beispielsweise Einstiegspunkte auf Stundenbasis identifizieren. Die Setups sollen hier jedoch keine weitere Vertiefung erfahren, die Möglichkeiten habe ich bereits geschildert. An dieser Stelle möchte ich lediglich auf die Potenziale des Screenings eingehen. Dafür folgt noch ein Blick auf den weiteren Kursverlauf von ADBE.

Abbildung 33: Weiterer Verlauf ADBE

Beim zuvor angenommenen Einstieg wäre eine beachtliche Performance von mehr als 10 Prozent herausgekommen – im Gegensatz dazu stieg der Gesamtmarkt nur um etwas mehr als die Hälfte. Beim Buchstaben A findet sich also bereits ein interessanter Wert, der alle für die beschriebene Strategie erforderlichen Kriterien erfüllt und mit dem sich eine solide Outperformance erreichen lässt. In diesem Zusammenhang möchte ich auf die häufig geäußerte Befürchtung eingehen, dass bei stark gestiegenen Werten kein Einstieg mehr lohnt. Meiner Erfahrung nach stimmt genau das Gegenteil, ADBE hat es bereits gezeigt und ich möchte diese Einschätzung noch mit einem weiteren Wert untermauern. Selbst wenn der Kursverlauf fast senkrecht nach oben ging, spricht das eher für die Stärke einer Aktie denn für einen überkauften Zustand. Beispiel SYMC:

Abbildung 34: SYMC: Kein Ende in Sicht

In kurzer Zeit und nach einer längeren Konsolidierung konnte SYMC über 10 Prozent zulegen, der jüngste Anstieg verläuft sehr dynamisch. Analog zum Gesamtmarkt kommt es auch hier Ende Januar zu einer Korrektur und diese bietet einen optimalen Anlass, die Stärke von SYMC für das eigene Depot zu nutzen. Interessant: Der fünfte Korrekturtag zeigt bereits wieder eine große Dynamik, zu sehen ist eine sehr große Kerze. Solche Merkmale sollte man unbedingt beachten und SYMC bildet damit einen idealen Kandidaten für die Watchlist. Im Chart eingezeichnet ist wiederum ein möglicher Einstiegskurs auf Tagesbasis, hier kann man beispielsweise ein Stop-Buy platzieren. Die Erwartung: Beendet der Gesamtmarkt seine Verschnaufpause, profitiert SYMC ganz besonders. Und tatsächlich, der kräftige Anstieg zuvor führt keineswegs dazu, dass in der Folge die Käufer ausbleiben.

Abbildung 35: Stärke hält an

Der Einstieg auf dem eingezeichneten Niveau ist keineswegs verspätet, die Aktie profitiert weiterhin von ihrer Stärke und in wenigen Wochen erzielt sie nochmals eine Performance von circa 10 Prozent. Zur Erinnerung: Durchschnittlich legen die Aktienmärkte um 6 bis 8 Prozent pro Jahr zu! Wer konsequent nach Aktien wie SYMC fahndet, kann eine deutliche Outperformance erzielen. Doch finden sich in einem starken Marktumfeld, wie dem dieser Screeningrunde zugrunde liegenden, selbstverständlich auch Aktien, die sich nicht für einen Long-Trade eignen. Auch diese lassen sich meist schon auf den ersten Blick erkennen, hier zum Beispiel CA.

Abbildung 36: Ungeeignete Aktie

Im Chart eingezeichnet sieht man die unklare Trendrichtung sehr deutlich. Zunächst geht es mit sinkenden Hoch- und Tiefpunkten abwärts und dann kommt es zu einer Trendumkehr. Im weiteren Verlauf fällt der Kurs sogar unter den 200-Tage-Durchschnitt. Schon aufgrund dieses Kriteriums hat CA daher nichts in der Watchlist verloren und dieses Bild kann stellvertretend für Aktien stehen, die sich nicht für den Handel der Strategie »Kleines Konto groß traden« eignen. Der Kursverlauf zeigt sich unentschlossen und pendelt um den Durchschnitt. Eine klare Richtung lässt sich kaum prognostizieren. Finger weg also! Diese Einschätzung bestätigte sich übrigens, der Kurs konnte in der Folge keine großen Sprünge machen. Ein unklarer Chart mit einem erst vor kurzer Zeit gebrochenen Abwärtstrend stellt jedoch noch kein sicheres Ausschlusskriterium dar. Oft deutet neu gewonnene Stärke auf weitere Kurszuwächse hin. Auch hierzu ein Beispiel: ISRG.

Abbildung 37: Stärke nach Trendumkehr

Auf den ersten Blick mag ISRG ähnlich ungeeignet erscheinen wie CA, im Chart sind Abwärts- und Aufwärtstrend zu sehen. Doch konnte sich der Kurs sehr deutlich über den 200-Tage-Durchschnitt absetzen und das erste Kriterium ist damit erfüllt. Auch hat sich zuletzt ein kräftiger Aufwärtstrend gebildet, inklusive imposantem Tagesgewinn von knapp 4 Prozent am 25. Januar. Dieser deutet auf großen Kaufdruck hin. Zudem endet die folgende Korrektur genau in Höhe des vorherigen P 2. Diese Aktie bietet also durchaus Chancen vor dem Hintergrund der hier vorgestellten Strategie, etwa mit einem Einstieg beim Durchbruch des letzten Hochs. Der Blick auf den weiteren Chartverlauf bestätigt diese Einschätzung.

Abbildung 38: Weiterer Verlauf nach Trendumkehr

Die Performance nach dem gedachten Einstieg liegt immerhin bei circa 7 Prozent in wenigen Wochen. An diesem Beispiel zeigt sich zudem, weshalb ich das manuelle Screening für einen wichtigen Schlüssel des Erfolgs halte. Wer regelmäßig Kursbewegungen analysiert, bekommt einen Blick für die innere Stärke eines Werts und steigert damit seine Erfolgschancen. Allerdings bedeutet dieses Steigern selbstverständlich keine Garantie für die gewünschte Entwicklung und auch nach der Aufnahme eines Wertes auf die Watchlist muss nicht unbedingt ein Trade herauskommen. Dafür bietet LRCX ein gutes Beispiel. Auch diese Aktie zeigt die beschriebenen Merkmale und signalisiert damit eine innere Stärke.

Abbildung 39: LRCX mit guten Voraussetzungen

Vor dem Hintergrund dieses Charts ist zum Beispiel ein Einstieg im Zuge des Durchstoßens der alten Höchststände bei circa 119 Dollar per Start-Buy denkbar. Allerdings macht LRCX einen Strich durch diese Rechnung. Knapp drei Wochen lang passiert so gut wie gar nichts, der Kurs pendelt knapp unter der gedachten Einstiegsmarke. Erst danach kommt es auch hier zum Ausbruch. Bei einer solchen Situation hängt es allerdings vom Handelsplan ab, ob überhaupt noch ein Engagement erfolgen soll. So setzen sich viele Trader zeitliche Limits. Kommt es beispielsweise innerhalb von ein oder zwei Wochen nicht zum geplanten Einstieg, wird der Stop-Buy gestrichen.

Abbildung 40: Keine klare Fortsetzung

Die Entwicklung von LRCX zeigt sehr deutlich, dass sich der Kursverlauf auch bei einem eindeutigen Bild nicht hundertprozentig voraussagen lässt – und das, obwohl sich der Gesamtmarkt in der gleichen Zeit gut entwickelt hat. Ein Wert auf der Watchlist bedeutet noch längst keinen Handel und vielleicht wurden bereits andere Trades ausgelöst, sodass das insgesamt verfügbare Risiko bereits ausgeschöpft ist.

Die bereits vorgestellten Beispiele lassen sich meist auf den ersten Blick beurteilen und man kann den Daumen sehr schnell heben oder senken. Das funktioniert jedoch nicht immer und mitunter lohnt eine genauere Analyse, denn vielfach lassen sich anhand von Charts sehr genaue Aussagen über Werte treffen. Auch dafür möchte ich ein Beispiel zeigen: PAYX. Hier zeigt sich eine Trendumkehr im Chart, nach einem kräftigen Einbruch fand eine ebenso eindrucksvolle Erholung statt. Problemlos gelang das Überspringen des 200-Tage-Durchschnitts. Im Anschluss korrigierte die Aktie, doch geht es nach dieser Korrektur wieder aufwärts? Nach meiner Erfahrung ist diese Entwicklung nicht sehr wahrscheinlich, den Grund habe ich mit einem Kasten im Chart verdeutlicht.

Abbildung 41: PAYX in einer Widerstandszone

Abbildung 42: Abprall am Widerstand

Gut zu sehen ist der mehrmalige Anlauf von PAYX auf ein Niveau oberhalb von 62 Dollar. Insgesamt vier Versuche hat die Aktie gestartet und immer ist es zu einem Abpraller gekommen. Wer nur wenige Wochen oder Monate analysiert, wird solche Bilder kaum entdecken. Daher nochmals der Tipp, mindestens sechs Monate anzeigen zu lassen. Ebenfalls ist im Chart zu sehen, dass die jüngste Korrektur bereits sehr lange dauert, offensichtlich fehlen die Käufer. Das Verharren in einer solchen Zone und regelmäßig gescheiterte Versuche der Überwindung eines Widerstands senken die Wahrscheinlichkeit einer zukünftigen Outperformance. Auch PAYX würde ich daher nicht auf die Watchlist setzen. Ein Blick auf den weiteren Verlauf bestätigt diese Einschätzung. Nach dem letzten Test des Widerstands Ende Januar kam es zu einem kräftigen Einbruch.

Am Folgetag eröffnete die Aktie sogar mit einem Gap nach unten und es kam innerhalb weniger Tage zu einem Verlust von circa 7 Prozent. Zwar folgte danach ein Anstieg, doch eine Outperformance ließ sich mit PAYX nicht erzielen. Damit zeigt bereits der Blick auf wenige Werte, wie wichtig ein gutes Screening ist. Wer die Kursverläufe seiner Märkte vor dem Hintergrund der in diesem Buch vorgestellten Regeln analysiert, steigert die Wahrscheinlichkeit positiver Ergebnisse ganz erheblich. Zudem verdeutlichen die Beispiele, dass meist schon ein Blick zeigt, ob ein Wert auf die Watchlist kann oder nicht. So lässt sich auch ein Screening von mehreren Hundert Aktien in vertretbarer Zeit erledigen. Sehen Charts weniger gut aus, handelt es sich ganz oft um solche Werte, die sich im Anschluss eher enttäuschend entwickeln. Und durch diese unterschiedliche Performance kommt auch die Performance des Gesamtmarktes zustande: Wo der Index um 5 Prozent zulegt, schaffen es manche Einzelwerte auf 10 oder mehr Prozent, andere dagegen verharren oder fallen sogar. Das Screening versetzt Sie in die Lage, die vielversprechendsten davon zu identifizieren. Darüber hinaus verdeutlichen diese Beispiele, dass Charts durchaus Aufschluss über die Kurschancen geben. Entwickeln sich Werte unentschlossen, können sie auch im weiteren Verlauf selten überzeugen. Zeigen sie dagegen eine innere Stärke mit steigenden Hoch- und Tiefpunkten sowie mit Kursen über dem 200-Tage-Durchschnitt, ist eine statistisch signifikante Outperformance zu erwarten. Fazit: Wer screent, schafft die Basis für überdurchschnittliche Gewinne und versetzt sich damit in die Lage, ein kleines Konto groß zu traden.

Weitere Inhalte der Vorbereitung

Die bisher vorgestellten Schritte gehören zur selbstverständlichen Vorbereitung jeder Handelswoche, ein erfolgreiches Screening beinhaltet jedoch noch weitere Aufgaben. So sollten Sie neben charttechnischen auch fundamentale Entwicklungen im Auge behalten, schließlich sollten Sie Überraschungen so weit wie möglich aus dem Weg gehen. Zu dieser Vorbereitung gehört, die Märkte zu analysieren und zu prüfen, welche Nachrichten und Ereignisse anstehen. Einen Teil davon – meinen Wochenausblick – können Sie übrigens auf meiner Website immer montags sehen. Leider behandeln viele Trader die Nachrichten sehr stiefmütterlich und sind dann überrascht, wenn Unternehmenszahlen oder eine Zinsentscheidung ihre Positionen ins Minus laufen lassen. Deshalb ergibt es selten Sinn, sich kurz vor einem solchen Termin zu engagieren. Im Gegenteil, bestehende Positionen sollte man besser eng absichern oder schließen, um unerwünschte Auswirkungen zu vermeiden. Denn vor allem Nachrichten können Gaps erzeugen und damit lassen sich Stop-Loss-Marken nicht einhalten. Signifikante Auswirkungen haben zum Beispiel Zinsentscheidungen oder Pressekonferenzen der Notenbanken, ökonomische Indikatoren wie etwa die Arbeitslosenzahlen aus den USA und Unternehmenszahlen. Bei Letzteren gilt es zu beachten, dass diese viermal pro Jahr bekannt gegeben werden und es keinerlei klare Regeln dafür gibt, welche Auswirkungen sich bemerkbar machen werden. Doch lässt sich diese Unsicherheit leicht umgehen, diese sogenannten Earnings-Termine stehen weit im Voraus fest. Die einfache Regel: Wer Zahlen bekannt gibt, gehört nicht ins Depot und der Blick in den Kalender gehört zur allwöchentlichen Vorbereitung des Tradings. Doch spielen die Nachrichten nicht nur im Aktienmarkt eine wichtige Rolle, auch Devisenhändler sollten darauf achten. Großen Einfluss haben oftmals Wirtschaftsdaten wie das Bruttoinlandsprodukt, aber auch Veröffentlichungen der Zentralbanken. Hilfestellung bieten die sogenannten Morning-Briefings, die sich über Nachrichtenportale auffinden lassen, sowie Kauf- oder Verkaufsempfehlungen und weitere Unternehmensberichte.

Wer News und Termine der jeweiligen Handelswoche vormerkt, kann konkrete Trades auf Grundlage der beschriebenen markttechnischen Regeln planen und vermindert die Gefahr unerwünschter Einflüsse. Nach meiner Erfahrung ist es sinnvoll, die Handelsvorbereitung sehr exakt durchzuführen und auch Details bereits festzulegen. So mache ich mir bereits im Vorfeld beispielsweise Gedanken darüber, wo und warum ich einsteigen will, an welche Stelle der Stop-Loss gehört und ob eine Gewinnmitnahme ins Konzept passt. Es ist auch kein Fehler, die Vorhaben schriftlich festzulegen. Der große Vorteil einer derart akkuraten Planung: Wer sich nicht aktiv im Markt befindet und seine Strategie außerhalb der Börsenzeiten festlegt, besitzt die nötige Objektivität für rationale und regelgesteuerte Entscheidungen. Im täglichen Geschäft fehlt diese Distanz oftmals und die Emotionen gewinnen Oberhand. Existiert eine klare schriftliche Planung, lassen sich die Gefühle deutlich leichter ausschalten. Zudem schützt ein bestehender Fahrplan zum Beispiel davor, in der Hektik einen Termin zu übersehen. Ohnehin stellen klare Vorgaben und deren Dokumentation eine wichtige Voraussetzung dar für den Handelserfolg. Von Vorteil ist es, bereits vor dem konkreten Trade mit den Aufzeichnungen zu beginnen und sich nicht nur auf das Tradingjournal zu beschränken. Diese Empfehlung möchte ich vor allem Einsteigern ans Herz legen und solchen Tradern, die bereits leidvolle Erfahrungen mit kontinuierlichen Verlusten oder Nullsummenjahren gemacht haben.

Gute Gelegenheiten

Besondere Gewinnchancen ergeben sich in Momenten, wenn der Markt sehr starke Bewegungen vollführt. Dies geschieht zum Glück nicht nur alle Jubeljahre, in der Regel kommen sie ein- oder zweimal pro Quartal. Ein guter Trader sollte solche Situationen deshalb nicht verpassen, egal ob es aufwärts- oder abwärtsgeht, denn genau dann lässt sich in sehr kurzer Zeit eine hohe Performance erzielen. Dazu braucht es jedoch das regelmäßige Screening der Märkte, und nur wer bereits im Vorfeld die geeigneten Kandidaten identifiziert hat, wird die möglichen Gewinne mitnehmen. Chancen dafür gab es auch zwischen Oktober 2015 und Februar 2016, vor allem einige Abwärtsbewegungen zeigten sich in mustergültiger Klarheit. Im Februar zum Beispiel bewegte sich der DAX an einer Unterstützungszone und es war sehr wahrscheinlich, dass der kommende Ausverkauf sehr kräftig ausfallen würde – falls der nächste Handelstag schwach starten sollte. Tatsächlich fielen die Kurse weiter und es ergaben sich gute Chancen für Short-Positionen. Der Chart zeigt jedoch auch, dass der Abwärtstrend schon sehr weit vorangeschritten war. Meiner Erfahrung nach sollten Trader in solchen Situationen nur kurzfristige Engagements eingehen, zu groß ist die Gefahr eines Trendwechsels.

In dieser Situation ist es wichtig, am Anfang dieses Ausbruchs sofort einzusteigen. Denn mit hoher Wahrscheinlichkeit hält diese starke Bewegung höchstens einige Tage an. Wer zu spät kommt, kann seinen Einstieg nicht mehr gut timen und macht eher Verluste. Die höchste Performance lässt sich auch im DAX mit Einzelaktien erzielen und beim wöchentlichen Marktscreening sollten Sie analog zum geschilderten Vorgehen beim NASDAQ großen Wert darauf legen, die geeigneten Werte für eine solche Bewegung zu identifizieren. Welche Aktien sind besonders stark oder schwach und bieten sich daher besonders für den erwarteten

Kursverlauf an? Aufgrund des großen Interesses für den deutschen Markt und zur weiteren Vertiefung des Screeningwissens möchte ich auch hier am Beispiel aufzeigen, wie sich ein geeigneter Wert im Chartbild präsentieren sollte. Die Auswahl lief so ab, wie ich sie bereits geschildert habe: Im Chartprogramm habe ich die 30 DAX-Werte durchgeklickt. Dabei hat sich gezeigt, dass sich vor allem die Commerzbank in einem überdurchschnittlichen Abwärtstrend befand.

Abbildung 43: Unterstützungszone im DAX

Abbildung 44: Abwärtstrend der Commerzbank

Der Vergleich von DAX- und Commerzbank-Charts zeigt sehr deutlich, dass die Aktie kaum von den kurzen Erholungen des Index profitieren konnte – besonders gut im Tageschart links zu sehen. Folgerichtig fiel auch der letzte Abverkauf sehr viel kräftiger aus als im Gesamtmarkt. Was der Tageschart als einzelnen und großen Balken darstellt, zeigt sich auf Stundenbasis als Abfolge stetiger neuer Tiefs. Nicht einmal zu Korrekturen hat es gereicht, der Abwärtsdruck war zu groß. Wer auf dem Niveau des letzten Tagesschlusskurses bei circa 7,30 Euro short eingestiegen ist, konnte eine Abwärtsbewegung bis zum Schlusskurs von 6,60 Euro mitmachen. Knapp 10 Prozent an einem Tag! Derartige Resultate wird jedoch nur erzielen, wer solche Aktien bereits im Vorfeld identifiziert und ein passendes Setup für den Einstieg im Hinterkopf hat. Der hier vorliegende Kursverlauf der Commerzbank zeigt sogar ideale Eigenschaften für Intradaytrades, das nächste Kapitel geht dazu ins Detail.

Stimmen die folgenden Aussagen?

Worauf sollten Sie beim Screening achten?

1. Ein Blick auf die Top-Werte genügt, diese weisen die Richtung.
2. Das Screening sollte einmal pro Woche erfolgen.
3. Es ist egal, wann man screent. Hauptsache, man tut es!
4. Man sollte Werte suchen, die eine Outperformance zeigen.
5. Ein Blick auf Nachrichten und Termine ist unbedingt erforderlich.

Trade Nr. 11: DAX (short), intraday

Der letzte Versuch in Trade Nr. 10, auf einen Verlust des DAX zu setzen, hat nicht funktioniert. Der Abwärtstrend war jedoch weiterhin intakt und darum habe ich mich entschieden, das Ganze am gleichen Tag noch einmal zu versuchen. Derartige Situationen sind übrigens normal, mitunter braucht es mehrere Anläufe für einen Trade und es ist wichtig, die mentale Stärke zu besitzen, eine bestehende Idee auch nach einem Verlust weiterzuverfolgen – sofern sich die passende Situation bietet. Leider konnte ich aus Risikoaspekten zunächst nicht einsteigen, der logische Stop-Loss hätte circa 70 Indexpunkte über dem Einstiegskurs gelegen. Die Möglichkeit bot sich erst bei einer Korrektur und ich habe mich beim Durchbruch durch den letzten Tiefpunkt einstoppen lassen. Im folgenden Chart zu sehen ist, dass sich dieser Einstieg auf dem Niveau der Tiefpunkte des Vortags befand, einem P2 auf Tagesbasis. Dank des Handels auf Minutenbasis musste ich jedoch keinen Stop-Loss beim letzten Hochpunkt auf Tagesbasis setzen, sondern konnte wieder lediglich 30 Punkte Abstand wählen. Zum Einsatz kam wieder der gleiche CFD wie in Trade Nr. 10, das Ganze fand ziemlich genau eine Stunde später statt. Im folgenden Chart sind die Markierungen zu sehen.

Einstieg

Wert: DAX, Instrument: CFD, Ausrichtung: short

Datum	Preis	Stück	Gebühren	Risiko
05.02.2016	9247	1	1 €	30 €

Diesmal zeigte der DAX die gewünschte Dynamik, nach dem Ausbruch ging es steil bergab. Zudem ergaben sich mustergültige kleinere Korrekturen und ich konnte die Stopps dreimal nachziehen. Wichtig ist es, solche Situationen bereits im Vorfeld zu antizipieren und auf die kräftigen Bewegungen derartiger Durchbrüche zu lauern. Bei einer weiteren Korrektur wurde die Position bei 9.135 Punkten mit einem Gewinn von 110 Euro geschlossen, das Risiko-Gewinn-Verhältnis lag damit bei fast 1 zu 4. Mit einem Risiko von etwas mehr als 0,5 Prozent wurden 2 Prozent Gewinn erzielt – jeweils bezogen auf das Gesamtkonto. Zwar ging der Sturz des DAX danach noch weiter, jedoch ergab sich kein passender Einstieg mehr mit einem vertretbaren Risiko-Gewinn-Verhältnis.

Ausstieg

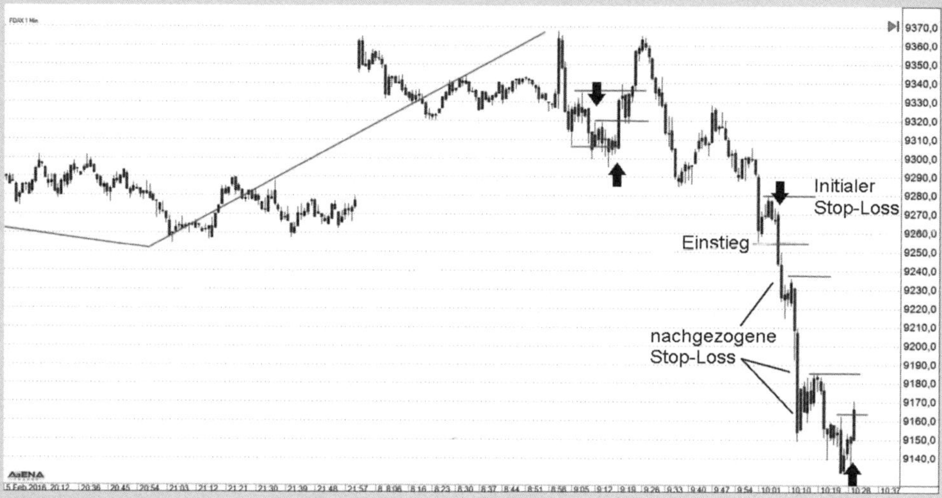

Datum	Preis	Stück	Gebühren	Risiko	Gewinn
05.02.2016	9135	1	1 €	30 €	110,00 €

Realisierte Performance: 110,00 €

Eine Dynamik wie die hier sichtbare bietet Intradaytradern überdurchschnittliche Gewinnchancen. Ich möchte jedoch nochmals betonen, dass es eine große Portion Erfahrung und Know-how braucht, um die möglichen Resultate tatsächlich zu erzielen. Schon die Vorstellung dieser beiden Trades verdeutlicht die Stolperfallen.

EINBLICKE INS DAYTRADING

Obwohl die großen Zeiteinheiten erfahrungsgemäß einfachere Gewinne versprechen, möchte ich dem Intradayhandel ein eigenes Kapitel widmen. Dies tue ich aus zwei Gründen: Erstens schätzen viele Privatanleger diese Art des Handels sehr, die »Action« ist verlockend. Die schnelle Bewegung ruft einen sehr starken Reiz hervor und das Ergebnis zeigt sich sehr schnell, nicht erst nach Tagen oder Wochen. Zweitens bieten sich auch intraday oftmals interessante Möglichkeiten, vor allem der soeben vorgestellte Trade Nr. 11 verdeutlicht die Potenziale. Diese ergeben sich sogar aus strukturellen Gründen. So erlauben Intradaytrades, sehr enge Stopps zu setzen, und vor allem für kleine Konten spielt diese Möglichkeit eine wichtige Rolle. Noch mehr als große Zeiteinheiten zählen hier jedoch Know-how, Erfahrung und Disziplin. Wer diese Eigenschaften nicht mitbringt, schreibt in der Regel rote Zahlen. Trotzdem versuchen sich viele Trader am Sprung ins kalte Wasser mit dem Gefühl, sehr schnell etwas bewegen zu können. Dies funktioniert auch, nur leider meist in die falsche Richtung. Zum Erfolg braucht es mehrere Voraussetzungen: So müssen Intradaytrader die Handelsprinzipien in großen Zeiteinheiten perfekt beherrschen. Wer auf Stunden-, Tages- oder Wochenbasis erfolgreich agiert, kann dies meist auch untertägig. Zudem erfordert der Intradayhandel eine noch akribischere Vorbereitung. Diese beginnt beim Lernen etwa per Demokonto oder Seminarbesuch und endet bei der täglichen Routine vor Handelsstart. Dies vorangestellt, möchte ich meine eigene Strategie vorstellen und zeigen, wie der Arbeitstag eines Daytraders aussieht. Leider sind noch immer zu viele Mythen in der Welt, der Reichtum mit wenigen Klicks ist höchstens ein Zufallsprodukt. Vielmehr braucht es eine Menge Disziplin und der Intradayhandel lässt sich durchaus mit einem »normalen« Job vergleichen. Um diesen Zusammenhang zu verdeutlichen, möchte ich meinen Zeitplan vorstellen.

	Montag	Dienstag	Mittwoch	Donnerstag	Freitag
Uhrzeit					
8:00 bis 9:00 Uhr	Handelsvorbereitung deutscher Markt (Nachrichten, Zahlen, Screening)	Handelsvorbereitung deutscher Markt (Nachrichten, Zahlen, Screening)	Handelsvorbereitung deutscher Markt (Nachrichten, Zahlen, Screening)	Handelsvorbereitung deutscher Markt (Nachrichten, Zahlen, Screening)	Handelsvorbereitung deutscher Markt (Nachrichten, Zahlen, Screening)
9:00 bis 12:00 Uhr	Trading	Trading	Trading	Trading	Trading
12:00 bis 14:30 Uhr	Pause	Pause	Pause	Pause	Pause
14:30 bis 15:30 Uhr	Handelsvorbereitung US-Markt (Nachrichten, Zahlen, Screening)	Handelsvorbereitung US-Markt (Nachrichten, Zahlen, Screening)	Handelsvorbereitung US-Markt (Nachrichten, Zahlen, Screening)	Handelsvorbereitung US-Markt (Nachrichten, Zahlen, Screening)	Handelsvorbereitung US-Markt (Nachrichten, Zahlen, Screening)
15:30 bis 17:30 Uhr	Trading	Trading	Trading	Trading	Trading
17:30 bis 20:00 Uhr	Pause	Pause	Pause	Pause	Pause
20:00 bis 22:00 Uhr	Offene Intradaytrades verwalten	Offene Intradaytrades verwalten	Offene Intradaytrades verwalten	Offene Intradaytrades verwalten	Offene Intradaytrades verwalten

Tabelle 7: Stundenplan für den Intradayhandel

Wem dieser Stundenplan sehr formalisiert und »langweilig« vorkommt, liegt vollkommen richtig. Ebenfalls nicht ganz zufällig gleicht der beschriebene Ablauf dem Schema einer »normalen« Arbeitsstelle. Dazu passt auch, dass der Zeitaufwand recht groß ist. Diese Ähnlichkeiten kommen nicht von ungefähr, es handelt sich hier um die Arbeit für den Gelderwerb. Und wie jeder andere Job auch beruht das Trading vor allem auf Handwerk und es kostet Zeit. Wer lediglich in größeren Zeiteinheiten unterwegs ist, muss weit weniger Aufwand treiben. An meinem Zeitplan lassen sich mehrere Aspekte gut erkennen. Zunächst fallen die Pausen auf. Diese sind absolut sinnvoll, denn mittags und abends nehmen viele Profis ebenfalls eine Auszeit – in Europa und in den USA ist dann jeweils Mittagspause und an den Börsen gehen die Umsätze massiv zurück. Die Kursbewegungen in dieser Phase sind daher selten aussagekräftig. Bemerkenswert ist, dass die US-Nachmittagssitzung ab 20 Uhr deutscher Zeit oftmals sehr starke Bewegungen zeigt. So werden bestehende Trends verstärkt und vor allem bei Short-Situationen drehen die Märkte oftmals. Was noch auffallen dürfte, ist, dass mein eigentliches Trading auf eine vergleichsweise kurze Zeit beschränkt bleibt. Nur während dieser beiden Blöcke sitze ich tatsächlich vor der Handelsplattform, vormittags ist meist sogar schon um 11 Uhr Schluss. Orders können selbstverständlich auch zu anderen Zeitpunkten ausgeführt werden, dann habe ich sie jedoch während dieser beiden Tradingsitzungen ins System eingegeben. Diese kurzen Sitzungen plus konsequente Pausen ergeben auch deshalb Sinn, weil sich die Konzentration kaum über vier, sechs oder gar acht Stunden so halten lässt, wie es für das Trading erforderlich ist. Wer nicht hundertprozentig am Ball bleibt, kann beispielsweise auf eine kursbeeinflussende Nachricht kaum adäquat reagieren. Eine zeitliche Beschränkung ist daher durchaus sinnvoll.

Vor allem für Berufstätige – und das werden die meisten Besitzer kleiner Konten sein – eröffnet dieser Tagesablauf große Chancen. Denn wer beispielsweise um 18 Uhr nach Hause kommt, kann zunächst einmal abschalten und sich in die nötige mentale Verfassung bringen. Die Hektik des Arbeitstages, eventueller Stress oder andere Störfeuer sollten unbedingt vor der Tür des Handelszimmers bleiben. Nur dann sind die erforderliche Konzentration und Ruhe für erfolgreiche Transaktionen vorhanden. Ab 20 Uhr ist dann die Zeit gekommen, um mit dem Trading in der US-Nachmittagssitzung einzusteigen. In den verbleibenden eineinhalb bis zwei Stunden lassen sich die in diesem Buch vorgestellten markttechnischen Strategien problemlos umsetzen. Selbst in dieser kurzen Handelszeit können Sie bei guter Vorbereitung ansehnliche Renditen erzielen. Doch um es nochmals zu betonen: Am Tisch sitzen auch um 20 Uhr noch die Profis und Berufshändler, diese wissen genau, was sie tun, und Sie sollten deren Handelsregeln daher niemals vergessen. Ohnehin ist es meist sinnvoll, den Intradayhandel auf die US-Märkte zu beschränken. Der Grund heißt Gebühren. Weil untertägig eine große Anzahl von Trades zusammenkommt, steigt die Belastung vor allem am deutschen Markt stark an. In der Regel fressen die Kosten einen Gutteil der Performance wieder auf. Nach meiner Erfahrung sollten daher erst Trader mit mittleren Konten ab rund 25.000 Euro Grundkapital in den Intradayhandel einsteigen. Bei höheren Einsätzen fallen die Gebühren nicht mehr ganz so stark ins Gewicht und es besteht die Möglichkeit zum Sprung über den großen Teich. Erinnern Sie sich, erst ab 25.000 Dollar Grundkapital erlauben die US-Regeln mehr als vier Intradaytransaktionen pro Woche. Wer über mehr Kapital verfügt, kann also deutlich mehr Trades aufsetzen und damit auch eine höhere Performance erzielen. Umgehen lässt sich diese US-Regel übrigens mit Aktien-CFDs.

Dennoch kann der Intradayhandel auch bei kleinen Konten sinnvoll sein. Denn zum einen verkürzt er die Dauer von Drawdown-Phasen. Wer nur wenige Transaktionen pro Monat durchführt und mehrmals hintereinander ein Minus erwirtschaftet, dem fehlt mitunter wochenlang ein Erfolgserlebnis. Ein Intradaytrader leidet meist nur einen Tag an derartigen Serien und verfügt damit über mental deutlich bessere Rahmenbedingungen. Dieser Faktor zeigt sich auch an einer geglätteten Ertragskurve, Einbrüche zeigen sich in den langen Zeiteinheiten sehr viel deutlicher. Etwa auf Minutenbasis ergeben sich deutlich mehr Signale als bei Transaktionen auf Stunden- oder Tagesbasis. Und wer mehr Gelegenheiten für profitable Trades nutzt, steigert selbstverständlich die Performance und somit auch die Kontogröße schneller. Beim Handel auf Fünf- oder Zehnminutenbasis ergeben sich zudem engere Stopps, schließlich fallen Bewegungen und Korrekturen in kurzen Zeiteinheiten deutlich geringer aus. Damit reduziert sich das Risiko pro Trade und gleichzeitig lässt sich die Positionsgröße nach den im Kapitel Risiko- und Money-Management vorgestellten Regeln erhöhen. Noch ein Vorteil: Die höhere Handelsfrequenz führt theoretisch auch zu einem höheren Gesamtertrag. Wo sich auf Tagesbasis fünf bis zehn Trades pro Monat oder sogar im Quartal realisieren lassen, kann ein Intradaytrader täglich auf diese Zahl kommen.

Doch ich möchte es nochmals betonen: Der Schritt von größeren Zeiteinheiten auf den Intradayhandel führt meist nur für solche Trader zum Erfolg, die bereits eine sehr gute Performance auf Tages- und Stundenbasis erzielen sowie über viel Know-how verfügen. Nur unter diesen Voraussetzungen lassen sich die bereits erreichten Erfolge fortsetzen. Dabei genügt es jedoch nicht, das Wissen aus den großen Zeiteinheiten eins zu eins zu übertragen. Stattdessen gilt es, die spezifischen Anforderungen genau zu studieren und mithilfe der vorhandenen Erfahrungen die passenden Intradaymodelle zu entwickeln. So gehört eine gehörige Portion Lernbereitschaft dazu und ich empfehle den Besuch von Seminaren oder Coachings, um die unzähligen Stolperfallen des Daytradings zu umgehen. Diesen Rat gebe ich jedoch nicht aus Eigennutz, die traurige Performance der meisten Intradaytrader spricht Bände, und wer sich in das Thema hineinkniet, kann auch mit kleineren oder mittleren Konten gute Erfolge erzielen. Das Geld für professionelle Hilfe ist sehr schnell wieder eingespielt.

Besonderheiten des Intradayhandels

Die Besonderheiten des Intradayhandels zeigen sich vor allem im Vergleich zum Handel in den größeren Zeiteinheiten. Beispielsweise treten bei passender Großwetterlage auf Tagesbasis nur wenige Fehltrades auf. Im Intradayhandel sinken Trefferquote und Gewinn pro Trade dagegen leicht ab. Der geringere Gewinn resultiert vor allem aus dem Schließen der Position zu Börsenschluss, weiterhin intakte Trends gehen nicht mehr zugunsten des eigenen Kontos. Muss man einen erfolgreichen Trade überhaupt beenden? In der Regel ja, denn kaum ein Intradayhändler will angesichts enger Stopps das Risiko eines Gaps über Nacht auf sich nehmen, und wer einmal ein großes Gap erlebt, vernichtet meist den Gewinn sehr vieler erfolgreicher Transaktionen. Zudem bleiben die Gewinne eines untertägigen Trades in der Regel überschaubar, hier macht es jedoch die Masse und dieser Zusammenhang muss stets präsent bleiben. Ein Umdenken erfordert auch die nötige stärkere Konzentration: Aufgrund der Vielzahl an Tradingchancen beispielsweise auf Fünfminutenbasis muss man sich wenige, gut geeignete Papiere und Situationen heraussuchen. Ich weiß aus meinen Coachings, dass viele Trader ein Problem damit haben, die besten Gelegenheiten zu identifizieren, und stattdessen von der Masse der Möglichkeiten erschlagen werden. So entsteht häufig die Gefahr des Overtradings. Solche Phasen können fatal enden, wenn ein Trader das erläuterte Ein-Prozent-Risiko pro Position beibehält. Gehen fünf oder gar zehn Trades an einem Tag schief, kommt das Depot sehr schnell unter die Räder.

So ist es erforderlich, im Vorfeld zu entscheiden, welche Setups zum Einsatz kommen sollen und welche Anzahl von Trades überhaupt gleichzeitig offen sein darf. Läuft der Handel, fehlt schlicht die Zeit, um sich Gedanken über grundsätzliche Rahmenbedingungen zu machen, und es entstehen Stresssituationen. Daher ist es beim Daytrading noch viel wichtiger als beim Handel auf den größeren Zeiteinheiten, die übergeordneten Trends korrekt zu bestimmen, Übereinstimmungen oder Abweichungen zu erkennen und die Großwetterlage richtig einzuschätzen. Das Einbeziehen wichtiger Wirtschaftszahlen und Unternehmensdaten gehört ebenso mit zum Tagesgeschäft. Intradaytrader müssen absolut sicher sein in dem, was sie tun. Sie sollten zum Beispiel immer genau wissen, ob sich der Markt gerade in der Bewegung oder in der Korrektur befindet. Wer die Phase verwechselt, läuft schnell ins Minus. Zudem müssen Daytrader deutlich mehr Aspekte beachten als die Händler auf den längeren Zeiteinheiten. Dazu gehören die Lage der gleitenden Durchschnitte, Widerstände und Unterstützungen wie etwa Doppelhochs oder Doppeltiefs. Im Umfeld solcher Formationen bewegen sich die Märkte oftmals sehr kräftig in eine neue Richtung, und wer die Zeichen übersieht oder falsch einschätzt, kann kaum Gewinne einfahren.

Wie sich ein Handel auf Tagesbasis darstellen kann, möchte ich am Beispiel der Aktie des Virenschutzherstellers Symantec (SYMC) erläutern. Zunächst einmal ist ein sauberer Trend erforderlich sowie ein Punkt, der den Einstieg möglich macht. Dieser bot sich am 1. Februar 2017, als eine Korrektur erfolgt ist.

Abbildung 45: Chart auf Tagesbasis mit Trend

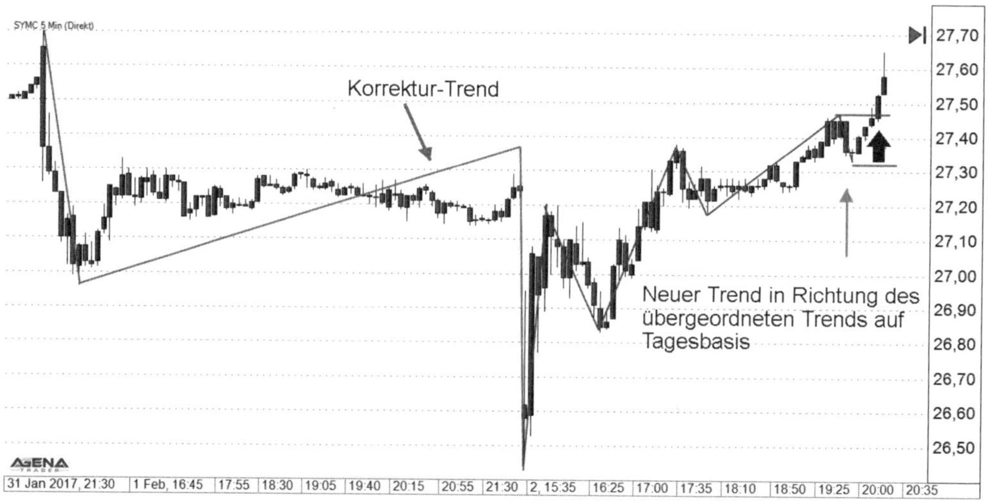

Abbildung 46: Einstieg intraday nach Korrektur

Die letzten Tage des in Abb. 45 abgebildeten Kursverlaufs zeigt der folgende Chart (Abb. 46) auf Fünfminutenbasis. Sehr deutlich zu sehen ist, wie die Korrektur abgelaufen ist und wo ein neuer Trend in Trendrichtung begann. Beim Überschreiten des alten Widerstands ergab sich eine passende Einstiegsmöglichkeit.

Im weiteren Verlauf zeigt sich die erwartete Fortdauer des Trends. Deutlich zu sehen sind wiederum zahlreiche kleinere Korrekturen und weiter steigende Tief- und Hochpunkte. Solange dieser Trend andauert, ist es möglich, Stopps kontinuierlich nachzuziehen und damit den aufgelaufenen Gewinn abzusichern.

Abbildung 47: Weiterer Kursverlauf

Dieses Beispiel zeigt sehr deutlich, wo die Potenziale des Handels auf kleinen Zeiteinheiten liegen. Gleichzeitig verdeutlicht es jedoch, dass man sich sehr genau darüber im Klaren sein muss, wie ein Trend aufgebaut ist und an welchen Stellen sich Signale zum Einstieg bieten.

Stimmen die folgenden Aussagen?

Was sollten Sie beim Intradayhandel beachten?

1. Wer die größeren Zeiteinheiten perfekt beherrscht, kann sich an den Intradayhandel wagen.
2. Übergeordnete Trends sind egal, in den kleinen Zeiteinheiten läuft ohnehin alles anders.
3. Ab 25.000 Dollar Kapital ist der Intradayhandel sinnvoll.
4. Chartformationen spielen eine wichtige Rolle für den weiteren Kursverlauf.
5. Drawdown-Phasen dauern beim Intradayhandel deutlich länger als in den großen Zeiteinheiten.

Trade Nr. 12: SVXY (long)

Den VIX hatte ich bereits im Oktober für Trade Nr. 3 genutzt und auf dessen Verfall gesetzt. Im Februar zeigte der Markt andere Vorzeichen und befand sich in einem schwachen Zustand, der S&P 500 hatte stark an Boden verloren und die Volatilität befand sich auf einem sehr hohen Niveau. Zu sehen war dieser Zusammenhang am VIX, dieser hatte stetig zugelegt. Aus markttechnischer Sicht war es jedoch wahrscheinlich, dass eine Erholung beginnen und der VIX damit an Wert verlieren würde. Der Grund für diese Erwartung: Der S&P 500 hatte mehrmals eine Unterstützungszone zwischen 1.700 und 1.800 Punkten angelaufen und gehalten. Diese Reaktion deutete sich auch Anfang Februar an. Mithilfe der Volatilität lässt sich dies in einem kurzfristig angelegten Trade nutzen. Schon durch ein Verharren des Kurses des S&P 500 oder einen leichten Anstieg fällt die Volatilität. Diese Reaktion lässt sich handeln, indem man beim bereits bekannten ETF (SVXY) long geht; erinnern Sie sich bitte, dieser bildet den VIX umgekehrt ab. Man hätte in dieser Situation auch long gehen können – etwa mithilfe eines S&P-ETF –, doch bleiben die Ausschläge deutlich kleiner und damit auch die mögliche Performance.

Einstieg

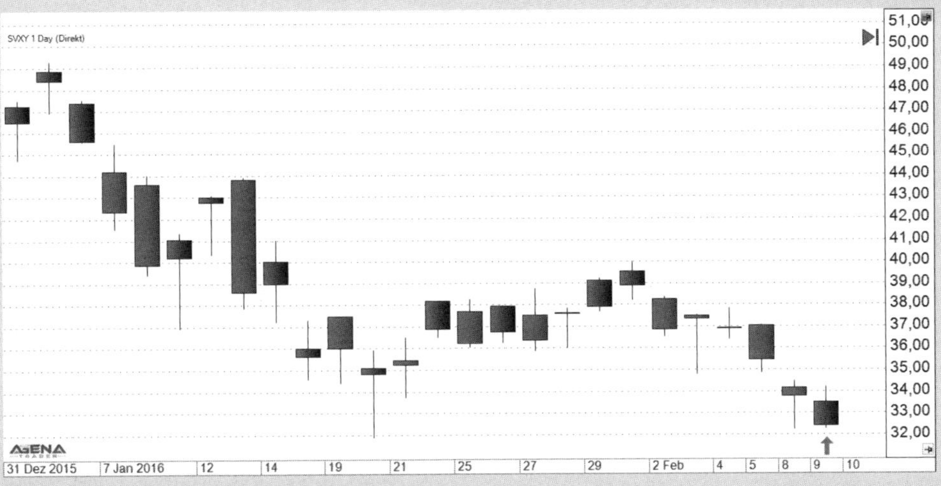

Wert: SVXY, Instrument: ETF, Ausrichtung: long

Datum	**Preis**	**Stück**	**Gebühren**	**Stop-Loss**
09.02.2016	33,00 €	50	1 €	50 $

Der Einstieg erfolgte kurz nach Handelseröffnung und ich habe die nachlassende Volatilität in einem sehr kurzen Trade genutzt – den Ausstieg habe ich bereits vor Börsenschluss platziert und damit immerhin einen Gewinn von 2,8 Prozent erzielt. Mit einem guten Timing lassen sich über den Umweg Volatilität überdurchschnittliche Gewinne erzielen. Das gilt umso mehr, weil der Index im selben Zeitraum kaum Bewegung gezeigt hat. So lassen sich mit derartigen Trades in kurzer Zeit die Bewegungen an den Märkten nutzen, und wer seine Augen hier kontinuierlich offen hält, kann sein Konto regelmäßig nach vorne bringen. Dazu ist es allerdings erforderlich, die verfügbaren Möglichkeiten zu erkennen und das für die jeweilige Situation optimale Setup einzusetzen.

Ausstieg

Datum	Preis	Stück	Gebühren	Gewinn
09.02.2016	34,00 €	50	1 €	48,00 €

Realisierte Performance: 48 € oder 2,8 %

ANGST UND GIER

Obwohl Börsenstrategien auf klaren Regeln beruhen und diese theoretischen Grundlagen jede Transaktion bestimmen sollten, die Gefühle beeinflussen fast alle Trader. Vor allem Gier und Angst bestimmen das Handeln der Menschen in weiten Teilen. Stark von Emotionen geleitet sind in aller Regel die Einsteiger und auch solche Anleger, die ihr Tun bislang kaum reflektiert haben und eher aus dem Bauch heraus entscheiden. Leider sind die Gefühle jedoch sehr schlechte Ratgeber. Jeder sollte sich ihrer Rolle stets bewusst sein und die Mechanismen dahinter kennen – und eben nicht darauf hereinfallen. Denn nur dann lassen sich Strategien tatsächlich anwenden und erfolgreich durchhalten. Zwar kann das Bauchgefühl einen Treffer produzieren, dauerhaften und reproduzierbaren Gewinn bringt es nicht zustande. So hängt der Tradingerfolg sehr stark davon ab, in welchem Umfang sich die Emotionen kontrollieren lassen. Leider kennen viele Trader diesen Zusammenhang nicht oder sie ignorieren ihn. Stattdessen machen sie sich Gedanken über die Details der Einstiegsszenarien und konkrete Chancen. Welche Mechanismen sie zu einer speziellen Transaktion verführen, blenden sie aus. Denn oft bestimmen Einflüsterungen von außen oder ein innerer Impuls einen Trade. In solchen Fällen bleiben die Fakten auf der Strecke zugunsten der Gefühle. Doch geht deren Einfluss noch weiter: Selbst wenn das nötige Wissen vorhanden ist, man muss es konsequent umsetzen. Wahrscheinlich haben die meisten Trader bereits die Erfahrung gemacht, wie schwer diese Aufgabe fällt. Obwohl die eigenen Regeln ein bestimmtes Verhalten vorgeben, die Emotionen verleiten zum glatten Gegenteil. Ein Standardbeispiel für diesen Mechanismus: Gehen zum Beispiel die Erwartungen an einen Trade zunächst nicht auf, werden Positionen geschlossen, bevor sie den ursprünglich festgelegten Stopp erreichen. Damit bringt man sich jedoch um weitere Gewinnchancen. Auslöser für solche Entscheidungen bilden oftmals diverse Ängste.

Die Angst

In sehr vielen Lebenssituationen bilden Ängste eine der wichtigsten Triebfedern menschlichen Handelns und auch an der Börse spielen sie eine zentrale Rolle. Wenn es ums Geld geht, kommen vor allem Verlustängste zum Tragen. Diese können sich beispielsweise in Form von Befürchtungen äußern, aufgelaufene Gewinne zu verspielen und das gewonnene Kapital damit wieder zu verlieren. Oft stehen sie den Handlungsvorgaben der eigenen Strategie jedoch diametral gegenüber. Gegen solche Störfeuer sollten Sie sich mit klaren Regeln wappnen, diese aufschreiben und die Aufzeichnungen bei jedem Trade zu Rate ziehen. Vor allem Einsteiger sollten derartige Checklisten nutzen, um ihr Wissen präsent zu haben und das jeweilige Transaktionsvorhaben daran messen zu können. Auf diese Weise helfen die Regeln dabei, gefühlsbehaftete Situationen weitgehend zu vermeiden, und entsprechende Hilfe ist gerade in solchen Börsenzeiten erforderlich, die mentale Belastungen hervorrufen. Dazu gehören in allererster Linie die Drawdown-Phasen. Denn mit jedem Trade, der ins Minus läuft, steigt der emotionale Druck und es fällt zunehmend schwer, einen kühlen Kopf zu bewahren. Frühere Gewinne verschwinden aus dem Bewusstsein und das eigene Gefühl beschäftigt sich ausschließlich mit den zuletzt aufgelaufenen Verlusten – auch wenn insgesamt noch ein sattes Plus unterm Strich steht. Sehr schnell steigen dann die Zweifel auf und viele Trader hinterfragen ihre Strategie. Zwar wissen sie in der Regel, dass ihre Systeme grundsätzlich erfolgreich sind – ganz egal, ob es sich um markttechnische Ansätze handelt oder um andere Strategien. Doch bei allen Systemen kommt es mitunter zu Verlusten und nach einer Minusserie gelingt es vielen Menschen nicht, die Regeln weiter zu befolgen. Wer solche Fehlentscheidungen und -einschätzungen vermeiden will, muss seine eigenen Regeln kennen und konsequent befolgen.

Wem die Befolgung der Regeln trotzdem Probleme bereitet und wer Ängsten kaum ausweichen kann, sollte sich selbst Hilfestellung leisten. Dazu können vor allem die eigenen Aufzeichnungen dienen. Denn bei der Analyse des Tradejournals kommt es oftmals zu überraschenden Ergebnissen: Der tatsächliche Drawdown fällt weit geringer aus als der gefühlte. Ein klarer Fall von Angst und diese täuscht gerne! Wer jedoch die Fakten kennt, vermeidet oftmals Fehlentscheidungen. Das Befolgen der Regeln ergibt umso mehr Sinn, weil das Risiko-Management ohnehin große Verluste verhindern sollte. Oft wirken aufeinanderfolgende Verlusttrades zwar demoralisierend, doch das reale Minus im Depot ist weitaus unspektakulärer als gefühlt. Wer zum Beispiel immer nur 25 Prozent seines Gesamtbetrags und 1 Prozent Risiko pro Trade kalkuliert, senkt seinen Kontostand selbst nach fünfmal Scheitern am Stück nur marginal. Zudem zeigt die Erfahrung, dass Pechsträhnen von zehn oder sogar noch mehr Transaktionen sehr selten auftreten. Meist schafft es Klarheit, Gefühle an der Realität zu messen, und wer seine Transaktionen stets aufschreibt und analysiert, kann sehr genau nachvollziehen, welchen Wert eine gefühlsbetonte Entscheidung gehabt hätte. Meist zeigt sich dann, dass Verlustängste rein mathematisch betrachtet unbegründet sind – sofern die Regeln eingehalten wurden. Wer solche Gesetzmäßigkeiten entdeckt, kann seine Gefühle in ähnlichen Situationen besser unterdrücken. Und mit zunehmender Routine schwächen sie sich deutlich ab.

Mitunter kann es jedoch auch helfen, Gefühle in Regeln zu kleiden. Beispielsweise kommt es häufig vor, dass Positionen unentschieden bleiben. Sie laufen weder in die beabsichtigte Richtung noch erreichen sie die Stop-Loss-Marke und viele Trader können es nur schwer ertragen, einfach abzuwarten. In derartigen Fällen hilft zunächst eine genaue Analyse. Bleiben ähnliche Positionen regelmäßig unter den Erwartungen, was geschieht überhaupt während oder nach solchen Seitwärtsbewegungen? Herrscht Klarheit über den häufigsten Verlauf derartiger Positionen, lässt sich das Gefühl sehr gut in eine Regel überführen. Diese kann zum Beispiel heißen, dass Sie nach drei oder vier Perioden aussteigen, in denen nichts passiert. Handeln Sie also auf Tagesbasis, zählen drei Tage. Positiv wirkt sich eine solche Entscheidung aus, weil sie Mittel für einen neuen Trade frei macht. Negativ sind die anfallenden Gebühren zu werten. Um eine solche Regel festlegen zu können, muss jedoch bekannt sein, ob das weitere Halten statistisch gesehen tatsächlich weniger Erfolg verspricht. Erkennen lassen sich solche Gesetzmäßigkeiten im Tradejournal. Lässt es die Ableitung einer bestimmten Regel zu, sollte diese in der Folge konsequent angewendet werden. Auf diese Weise ist es möglich, ein gutes Gefühl beim Traden herzustellen und Ängste auszuschalten.

Klare Regeln und die Analyse des eigenen Handelns sorgen für Sicherheit. Man ist sehr viel stärker von seinem Handeln überzeugt. Führen Ängste dagegen zu Zweifeln, sinkt die Bereitschaft, eine Strategie konsequent weiterzuverfolgen. In derartigen Fällen kommt es zum bekannten Phänomen, dass ein beendeter Trade den nächsten beeinflusst. Hat zum Beispiel eine Idee nicht funktioniert und es sind Verluste aufgelaufen, kennen Sie eine der folgenden Reaktionen sicher aus eigener Erfahrung: Manche Menschen versuchen, das Minus mit Aktionismus wettzumachen. Beim sogenannten Overtrading gehen sie zu viele Transaktionen ein und dementsprechend steigt das Risiko. Damit fällt es schwer, alle Positionen zu überwachen, und der Verlust steigt meist weiter an. Vor allem Daytrader sollten sich daher Tagesobergrenzen setzen, beispielsweise von fünf Aktionen pro Handelssitzung. Ebenso bekannt ist das Gegenteil des Overtradings. Händler reagieren mit einer Art Schockstarre auf Verlusttrades, ihnen fehlt das Vertrauen für neue Aktionen. Meine Erfahrung zeigt jedoch, dass Angst ein Gewöhnungsprozess ist. Wer das Auf und Ab seines Depots über einen längeren Zeitraum beobachtet und weiß, dass derartige Bewegungen normal sind, kann sie besser einordnen. Dann wird es zur Routine, dass Positionen ins Plus laufen, wieder auf null oder sogar ins Minus korrigieren, danach drehen und so weiter – vorausgesetzt, beispielsweise Stopp-Regeln werden korrekt eingehalten. Hilfreich ist es in Fällen wie diesen, nicht am Bildschirm zu kleben. Haben Sie eine Position eröffnet und den Stop-Loss eingestellt, sollten sich vor allem Trader auf den größeren Zeiteinheiten zurückhalten. Oft genügt es, Stopps auf Tagesbasis zu überprüfen. Mehr Engagement für eine offene Position schadet mitunter mehr, als sie nützt.

Aus meinen Seminaren und Coachings weiß ich, dass vor allem eine Angst sehr weit verbreitet ist: aufgelaufene Gewinne wieder zu verlieren. Das Gefühl wertet Buchgewinne als reale Gewinne. So werden Trader übervorsichtig und ziehen die Stopps zu eng nach. Dadurch fliegen sie selbst aus intakten Trends heraus und lassen die Chancen für Gewinne links liegen. Auch dagegen helfen klare Regeln und die bereits erläuterten Erkenntnisse des Trendaufbaus. Machen Sie sich stets bewusst, dass Korrekturen oftmals alte Widerstände testen, und wer an solchen Punkten seine Stopps setzt, wird häufig aus dem Markt genommen. Stattdessen sollten Sie gewährleisten, dass »normale« Korrekturen Ihre Positionen nicht gefährden und Sie weiterhin von der statistischen Wahrscheinlichkeit profitieren können. Wer zu oft aus sauberen Trends herausfliegt, sollte sich den Zusammenhang zwischen Trendgröße, Zeiteinheit und Position des Stopps vor Augen führen. Unbeabsichtigtes Schließen eines Trades kann jedoch auch überhöhten Positionsgrößen geschuldet sein. Vielleicht ergibt der korrekte Stopp ein überhöhtes Risiko im Vergleich zum Konto? Denn eines ist ganz klar: Kann man die aus dem Kursverlauf resultierenden Stopps nicht einhalten, liegt es selten am System. Vielmehr sollte man seine Positionsgrößen überprüfen und damit auch die Bewegungen im Depot begrenzen. Damit ist es möglich, Ängste einzudämmen. Insgesamt wäre es jedoch zu kurz gegriffen, Gefühle ausschließlich mit derart negativen Reaktionen zu verbinden. Vielmehr können sie auch durchaus positiv wirken, beispielsweise indem sie die eigene Aufmerksamkeit schärfen.

Die Gier

Hilfreich kann sogar ein verpöntes Gefühl wirken, die Gier. Ohnehin beginnen viele »Börsenkarrieren« damit. Einsteiger möchten die enttäuschenden Ergebnisse von Sparbuch & Co. hinter sich lassen und möglichst schnell hohe Gewinne erzielen. Die Gier spornt dazu an und leistet damit einen wichtigen Beitrag zum Tradingerfolg. Grundsätzlich stellen hohe Gewinne eine wichtige Voraussetzung für eine überzeugende Performance dar, denn vor allem am Anfang wird sich die Trefferquote auf einem relativ niedrigen Niveau bewegen. Wer mit 50 oder 100 Euro Risiko handelt, sollte durchaus auf 200 oder 500 Euro Profit setzen – zumal derartige Quoten immer wieder vorkommen. So kann ein Gewinner diverse Verlierer ausgleichen. Als Antrieb und Motivator ist daher nichts gegen Gier einzuwenden. Ihre positive Rolle lässt sich zudem sehr gut an einem konkreten Beispiel erläutern. Es verdeutlicht, wie die Gier zu einer überzeugenden Performance verhelfen kann. Die beiden Charts zeigen den Verlauf der Apple-Aktie auf Tages- und Stundenbasis. Links im Tageschart sichtbar sind ein lang anhaltender Aufwärtstrend und eine Korrektur nach dem Hochpunkt. Der Stundenchart rechts vergrößert diese Korrektur. Gut zu sehen ist, dass sich der Kurs über dem 200-Tage-Durchschnitt befindet. Die Voraussetzungen für eine Fortdauer des Aufwärtstrends stehen also gut.

Abbildung 48: Wie Gier helfen kann

Deutlich erkennen lassen sich der Beginn der Korrektur und damit ein neuer Korrekturtrend beim oberen P1 im unteren Stundenchart, danach folgen fallende Tief- (P2) und Hochpunkte (P3). Schon nach kurzer Zeit endet die Korrektur bei einem P1 und dieser wird einige Tage später sogar nochmals getestet und hält. An dieser Stelle bestehen also gute Chancen, dass es sich lediglich um eine Korrektur handelt und der alte Aufwärtstrend weitergeht. Diese Erwartung wird auch erfüllt und spätestens beim Durchstoßen dieses Niveaus bei etwa 145,30 Dollar findet sich ein idealer Einstieg auf Stundenbasis. So besteht die Chance, zu einem sehr frühen Zeitpunkt in die Aufwärtsbewegung einzusteigen. Die Gier verleitet in dieser Situation dazu, nicht schon beim nächsten Hochpunkt Gewinne mitzunehmen. Vielmehr hilft sie dabei, mit der wahrscheinlichen Variante zu rechnen: einer Fortdauer des Trends. Erst bei zwei aufeinanderfolgenden P2 auf demselben Niveau und dem danach folgenden P3 können Gewinnmitnahmen angezeigt sein. Durch das konsequente Nachziehen der Stopps unter den letzten P3 auf Stundenbasis lässt sich die gesamte Aufwärtsbewegung mitnehmen. Erst auf dem Niveau von circa 155 Dollar wird der Stopp durch die Abwärtsbewegung ausgelöst. So verhilft die Gier zu einem Gewinn von knapp 10 Dollar bei einem Risiko von etwa 4 Dollar (Einstieg bei 145,50 mit Stop-Loss bei 141 Dollar). Wer den zweieinhalbfachen Gewinn seines ursprünglich eingegangenen Risikos realisiert, verkraftet ein oder zwei Verlusttrades problemlos. Wem diese Gier fehlt, nimmt Gewinne gegebenenfalls schon bei 147 oder 154 Dollar mit.

Dieses kleine Loblied auf die Gier möchte ich zum Abschluss noch ein wenig relativieren und die Schattenseiten verdeutlichen. Beispielsweise verstellt sie mitunter den Blick auf die Realität. So rührt Gier oft aus ungenügender Planung eines Trades, in diesen Fällen gaukelt die Fantasie gerne etwas vor und fast zwangsläufig werden die Vorstellungen zu Chancen, Risiken sowie Gewinnen vernebelt. Die Folge sind Fehler beim Trading. Doch was gegen Ängste hilft, funktioniert auch bei der Gier: die gute Vorbereitung. Wer alle Parameter für einen Trade bereits im Vorfeld festlegt und sogar schriftlich niederlegt, verfügt über ein wirksames Mittel auch gegen die Gier. Sie müssen daher schon vorab die richtigen Antworten auf unterschiedliche Fragen kennen. Passt die Großwetterlage und stimmt Ihre Tradingidee damit überein? Wo befindet sich ein passender Einstiegspunkt und wo soll der Stop-Loss liegen? Wollen Sie Gewinne mitnehmen und bei welchem Niveau soll dies geschehen? Kennen Sie die Antworten und haben Sie diese beim Trading stets präsent, können Sie Ihre Planung ruhig und distanziert abarbeiten. Angst und Gier werden so zu Freunden statt zu Feinden. Allerdings braucht es dazu Disziplin. Diese muss so groß sein, dass Sie Ihre Gefühle kontrollieren können. Ein sehr schöner Satz dazu stammt von dem bekannten Chemiker Hans-Jürgen Quadbeck-Seeger:

»Ein guter Anfang braucht Begeisterung, ein gutes Ende Disziplin.«

Dieser Aphorismus bildete nicht nur die Devise des DFB für die Fußballweltmeisterschaft 2014 in Brasilien, er kann darüber hinaus sehr gut durch das tägliche Trading leiten. Die Aussicht auf ein großes Konto dürfte für die nötige Begeisterung sorgen, und wer einen Plan wie den hier skizzierten diszipliniert abarbeitet, schafft die Voraussetzungen für eine dauerhaft gute Performance und damit für den erfolgreichen Zieleinlauf. Angst und Gier werden Sie mit einiger Sicherheit dabei begleiten. Sind Sie sich dessen bewusst, können Sie diese Gefühle zum eigenen Vorteil nutzen.

Psychologische Tricks

Die nötige Distanz zu den Emotionen lässt sich unter anderem dadurch gewinnen, dass Börsengeschäfte dem unternehmerischen Handeln gleichgesetzt werden. So bedeuten Trading und Management gleichermaßen, Risiken einzugehen, um daraus Erträge zu erwirtschaften. Die Aufgaben entsprechen sich also und es verwundert nicht, dass viele Trader über kurz oder lang an einen Jobwechsel denken – weg vom bisherigen Arbeitsplatz und hinein ins eigene Handelsbüro. Damit ist jedoch meist ein tief greifender Umbruch verbunden. Wer bislang angestellt war, wird zum Unternehmer. Damit der Wechsel erfolgreich verlaufen kann, ist ein Umdenken erforderlich. Verluste dürfen keine Ängste auslösen, vielmehr sollten sie als Investitionen gelten. Diese gehören unweigerlich zum Erfolg und ermöglichen ihn sogar erst. Jeder Unternehmer kennt diesen Zusammenhang und Probleme treten erst dann auf, wenn Verluste überhandnehmen und die Gewinne ausbleiben. Eine solche negative Entwicklung sollte durch die hier vorgestellten Regeln jedoch ausgeschlossen sein. Viel eher kann es zu Reaktionen kommen, wie ich sie zu Beginn am eigenen Beispiel geschildert habe: Funktionieren die Transaktionen und wächst das Konto stetig, bildet sich die Überzeugung, den Markt zu beherrschen. Eine solche Überheblichkeit ist jedoch nicht angebracht, jede Strähne endet irgendwann und dann scheint der Boden der Realität umso härter zu sein.

Meine Erfahrung zeigt zudem, dass die Psyche oftmals das eigene Money-Management beeinträchtigt. Bei Verlusten setzen viele Trader ihre Positionsgrößen hoch, um schneller wieder ins Plus zu kommen. Wer dann mehrmals hintereinander Minus macht, bekommt ein mentales Problem und es fällt schwer, positive Handelsideen zu entwickeln. In solchen Fällen ergibt es Sinn, sich für den jeweiligen Tag von der Börse zu verabschieden. Am nächsten oder übernächsten Tag ist die Negativerfahrung meist verdaut und man kann unbelastet weitermachen. Wo diese Verlustschwelle liegt, hängt sehr von der psychischen Verfassung der jeweiligen Person ab. Ich habe zum Beispiel 1,5 Prozent als Grenze definiert. Erreiche ich diese Schwelle, beende ich meine Sitzung. Was mir hilft, muss bei Ihnen jedoch nicht unbedingt funktionieren, und viele Trader sehen diese Situation genau umgekehrt. Sie fahren absichtlich fort, weil sie genau wissen, dass ihre Verlustphase auch wieder endet. Für sie bedeutet diese Bestätigung dann sehr viel mehr als der bisherige Verlust. Beide Ansichten ergeben Sinn, entscheidend ist, wie so oft, die persönliche Disposition. Halten Sie es aus, acht- oder zehnmal hintereinander zu verlieren, ohne an Ihrem System zu zweifeln? Haben Sie keine Probleme mit solchen Phasen, benötigen Sie auch keine Verlustschwelle für einen Handelstag.

Viele Trader kennen auch den folgenden Mechanismus: Wer zu viel setzt und verliert, den verlässt der Mut für weitere Transaktionen. Vor allem bei zahlreichen Kleinanlegern ließ sich diese Reaktion nach den Börseneinbrüchen der letzten Jahre beobachten. Egal ob Dotcom-Crash oder Finanzkrise, immer ging die Zahl der Aktionäre in Deutschland nach derartigen Ereignissen zurück. Schutz gegen eine solche Schockstarre bietet erstens ein striktes Risiko- und Money-Management. Geht nur 1 Prozent des Gesamtkapitals verloren, lässt sich dieser Verlust auch emotional verhältnismäßig leicht verkraften. Das gilt ganz besonders, wenn es über einen längeren Zeitraum nicht gut läuft und ein fataler Mechanismus zum Tragen kommt: Je öfter Verluste auflaufen, desto weniger glauben Trader an ihre Strategie und sie verlieren zudem den Glauben an sich selbst. Erfolgreich zu agieren fällt dann immer schwerer. Diesen Mechanismus gilt es zu verhindern, dabei helfen Analyse und kühles Rechnen. Mithilfe des Tradejournals lässt sich meist feststellen, ob vielleicht sogar Fehler zu den Verlusten geführt haben. Die zweite Möglichkeit, Einbrüche zu vermeiden, heißt Flexibilität. Vor allem in den Live-Trades habe ich versucht, ganz unterschiedliche Handelsideen vorzustellen. Diese eignen sich für Bullen- und Bärenmärkte sowie für verschiedene Traderpersönlichkeiten. Deshalb sollte es Ihnen in Zukunft egal sein, ob der nächste Crash kommt. Wer seine Positionen zuvor absichert und dann vielleicht sogar short geht oder auf die Volatilität setzt, kann auch in solchen Zeiten profitieren.

Der Markt hat immer recht

Diese Flexibilität ist auch deshalb wichtig, weil man die Kurse ohnehin nicht beeinflussen kann. Egal was sogenannte Experten sagen oder was im Freundeskreis diskutiert wird, die Börse selbst weist den Weg. Mir hilft es zum Beispiel sehr, keine Meinung zu einer Aktie, einem Index oder einer Währung zu bilden. Manche Investmentgurus oder institutionelle Anleger können sich eine Meinung leisten – mitunter spekulieren sie sogar gegen ein Unternehmen oder gegen ganze Länder. Diese Strategie funktioniert jedoch nicht im kleinen Maßstab. Deshalb bleibt einem Trader nichts anderes übrig, als dem Trend zu folgen. Ob dieser nun aufwärts, abwärts oder seitwärts zeigt, muss ihm egal sein. Der Markt hat immer recht, und wer diese Allmacht akzeptiert, kann von ihr profitieren. Lassen Sie sich nicht von Analysten einer großen Bank blenden oder von Artikeln in einer renommierten Zeitung. Im Zweifel sieht der Markt deren positive Argumente aus dem entgegengesetzten Blickwinkel und senkt den Daumen. Der Verlauf eines Kurses gibt Ihnen deutlich besser zu erkennen, welche Entwicklung zu erwarten ist, und auch wenn der Analyst auf lange Sicht richtigliegen sollte: Was hilft Ihnen beispielsweise der versprochene Kursanstieg, wenn er erst in einem Jahr erfolgt? Deshalb sollten Sie Ihren Blick auf die gegenwärtige Verfassung des Marktes lenken. Er zeigt Ihnen den Trend und damit verfügen Sie über alle Informationen, die Sie benötigen. Die Regeln aus diesem Buch und ihre Befolgung sorgen für den nötigen Abstand zum Markt.

Stimmen die folgenden Aussagen?

Wie sollten Sie mit Ihren Gefühlen umgehen?

1. Setzen Sie vor allem auf Ihre Strategie und lassen Sie sich nicht beeinflussen.

2. Reflektieren Sie Ihre Gefühle auf keinen Fall, das verwirrt nur!

3. Gefühle haben auch gute Seiten und lassen sich mitunter nutzen.

4. Hören Sie auf Ihren Bauch, wenn es um die Marktstimmung geht.

Trade Nr. 13: Western Digital Corporation (short)

Die Märkte zeigten Mitte Februar weiterhin Schwäche und so wollte ich wiederum auf eine Aktie setzen, die noch stärker verliert. Die Wahl fiel auf den Festplattenhersteller Western Digital. Dessen Aktie befand sich in einem sehr sauberen Abwärtstrend mit fallenden Hoch- und Tiefpunkten. Dieses Bild zeigte sich sowohl im übergeordneten als auch im untergeordneten Trend. Beste Voraussetzungen also für eine Short-Position. Nach einer Korrektur ergab sich eine gute Situation für den Einstieg und ich habe beim Durchbruch nach unten verkauft. Die Erwartung: Dieser Durchbruch würde zu einer weiteren kräftigen Abwärtsbewegung führen und es ermöglichen, die Aktie billiger wieder zurückzukaufen.

Einstieg

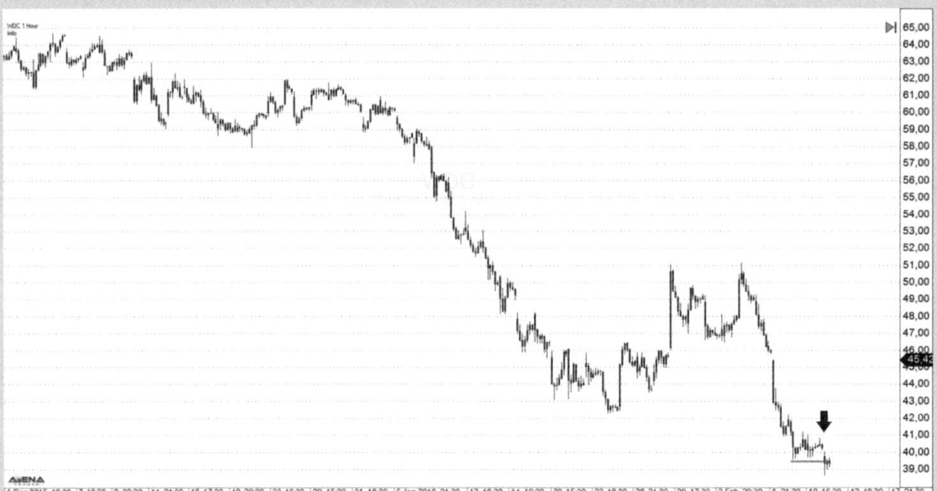

Wert: Western Digital Corporation, Instrument: Aktie, Ausrichtung: short

Datum	Preis	Stück	Gebühren	Stop-Loss
11.02.2016	39,46 $	25	1 $	41,24 $

Der Einstieg erfolgte wie geplant beim Durchbruch des Kurses nach unten und auch die Stop-Loss-Marke ergibt sich aus dem Chart, ich habe sie knapp oberhalb von 41 Dollar gesetzt. Ein Einstiegsniveau von circa 39,50 Dollar und ein Stop-Loss bei knapp 41,24 Dollar ergeben einen Abstand von 2 Dollar. Bei einem vorab festgelegten Risiko von 1 Prozent der

der Kontogröße (50 Dollar) konnte ich daher 25 Stück shorten. Nach dem Einstieg ging es jedoch nicht wie geplant abwärts, sondern ich wurde schon wenige Stunden später eingestoppt und die Position wurde bei meinem Stop-Buy von 41,24 Dollar wieder geschlossen. Diese unerwartete Entwicklung wurde vor allem durch die Gesamtstimmung ausgelöst, denn auch der allgemeine Kursverfall fand zu dieser Zeit sein Ende. Damit kam es zwar zum Schluss des Handels im Live-Depot zum dritten Minustrade, dieser zeigt jedoch sehr deutlich die Abhängigkeit der eigenen Aktionen von der Großwetterlage: Trends in einzelnen Aktien können sich noch so mustergültig darstellen, bei Veränderungen der Gesamtstimmung schwindet ihre Aussagekraft. Wer auf den Trend eines Einzelwerts setzt, muss unbedingt auf den breiten Markt achten.

Ausstieg

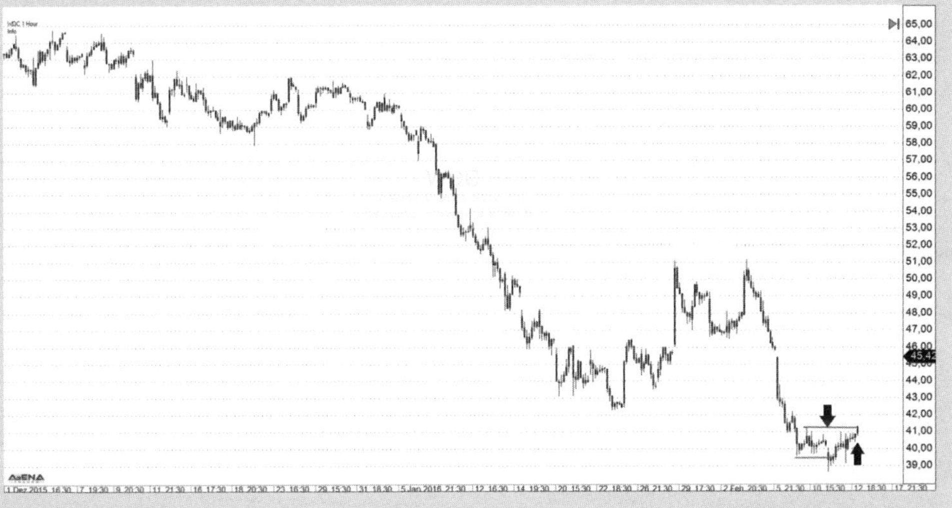

Datum	Preis	Stück	Gebühren	Verlust
11.02.2016	41,24 $	25	1 $	46,50 $

Realisierte Performance: –46,50 $ oder –4,7 %

Anschließend ging es noch um mehr als 20 Prozent aufwärts, der Ausstieg war also goldrichtig gewählt. Damit liefert der weitere Kursverlauf noch eine wichtige Erkenntnis: Läuft ein Trade nicht wie geplant, bringt es nichts, auf eine Stimmungsänderung zu warten. Vorab festgelegte Ausstiegsregeln gilt es strikt zu beachten. Sonst ist die Gefahr viel zu hoch, Verluste über das selbst gesteckte Limit verkraften zu müssen. Stopps zurückzunehmen oder anzupassen ergibt keinen Sinn. Was kalkuliert und festgelegt wurde, muss auch bei nicht funktionierenden Trades Bestand haben.

EIN KLEINES KONTO WIRD GROSS

Nun kennen Sie den Ansatz hinter »Kleines Konto groß traden« und wissen durch den Ablauf des Live-Tradings auch, dass er sich mit überschaubarem Aufwand praktisch umsetzen lässt. Diese Bedingung war mir sehr wichtig, schließlich sollen vor allem Menschen profitieren, die im Beruf stehen und keine Zeit haben, täglich Stunden vor ihrer Handelsplattform zu verbringen. Denn in aller Regel werden sie es sein, die nur über ein kleines Konto verfügen. Ich möchte Ihnen ans Herz legen, die erläuterten Regeln sehr genau umzusetzen und sich beispielsweise die Arbeit des Screenings tatsächlich zu machen. Dabei ist mir durchaus bewusst, dass manch Einsteiger von der Menge der Inhalte und der Anzahl der verschiedenen Aufgaben überrascht sein wird. Doch machen Sie sich bitte stets bewusst, dass Sie vor einem schrittweisen Prozess stehen. Erfolgreiche Trader werden die wenigsten im Handumdrehen, es braucht schlicht einige Disziplin. Der »Fahrplan« zum Vermögenszuwachs in der Einleitung dürfte jedoch gezeigt haben, dass sich die Anstrengung bezahlt macht und der Stundenlohn nach einiger Zeit einen beachtlichen Umfang annimmt. Ich möchte Sie daher ermutigen, einige Zeit in das Thema zu investieren und am besten gleich damit loszulegen.

Wahrscheinlich beschäftigt vor allem die Einsteiger unter Ihnen nun eine zentrale Frage: Wie fange ich an? Meiner Erfahrung nach wird Sie vor allem die Praxis voranbringen. Noch bevor Sie ein Depot eröffnen und echtes Geld einzahlen, können Sie bereits »Trockenübungen« vollführen. Nehmen Sie sich einen beliebigen Chart vor und übertragen Sie die Regeln zu Trends, Einstiegs- und Stoppmarken darauf. Sie werden sehr schnell Sicherheit gewinnen, wenn Sie Trendlinien einzeichnen, die Punkte P1, P2 und P3 identifizieren und ausrechnen, welche Positionsgröße Sie wählen könnten. Das Schöne daran: Bereits nach wenigen Tagen oder Wochen sehen Sie, was Ihre Einschätzungen wert sind. Erkennen Sie Trends? Denken Sie an die unterschiedlichen Zeiteinheiten oder die Situation des Gesamtmarktes? Schaffen Sie es, jede Woche ein Screening durchzuführen? Sehr realistisch können Sie diese Übungen gestalten, wenn Sie ein virtuelles Depot eröffnen. Dann erhalten Sie Routine darin, Einstiege festzulegen, Positionsgrößen richtig zu bestimmen und Stopps nachzuziehen. Zudem sehen Sie schwarz auf weiß, welche Resultate Sie erzielen. Befindet sich Ihr Depot im Plus? Wie hat sich der Vergleichsindex entwickelt? Wer vorher kaum Erfahrungen mit der Börse hatte, wird bereits nach kurzer Zeit Sicherheit gewinnen. Dann kommt auch die Gelegenheit, das Konto zu kapitalisieren und mit echtem Geld einzusteigen. Wenn Sie die Strategien und Handelsansätze aus diesem Buch umsetzen, werden sich Ihre 5.000 Euro schnell bezahlt machen. Doch denken Sie immer daran: Erstens haben Sie Ihr Geld vermutlich hart erarbeitet, Sie sollten es nicht leichtfertig aufs Spiel setzen. Zweitens brauchen Sie Geduld. Ich kann Ihnen keinen Reichtum über Nacht versprechen. Stattdessen kommt es mir darauf an, Ihnen einen reproduzierbaren Weg vorzustellen, wie Sie an der Börse erfolgreich agieren können.

Dieser Weg besteht aus einer ganzen Reihe unterschiedlicher Aspekte und der Erfolg wird umso wahrscheinlicher, je mehr Sie davon beachten. Um Ihren Fokus zu schärfen, möchte ich Ihnen zum Abschluss des Buches die aus meiner Sicht wichtigsten Punkte nochmals vor Augen führen.

- Sie gewinnen aufgrund statistischer Gesetzmäßigkeiten.
  Wer mehr gewinnt, als er verliert, erzielt am Ende ein Plus. Diese einfache Erkenntnis können Sie jedoch nur dann nutzen, wenn Sie eine ausreichende Zahl von Trades umsetzen können. Denn Sie werden mitunter verlieren – garantiert! Zudem müssen Ihre Gewinne höher ausfallen als Ihre Verluste.

- Risiko- und Money-Management entscheiden über Ihren Erfolg.
  Genauso wichtig wie die richtige Tradeidee ist, Ihre finanziellen Rahmenbedingungen zu berücksichtigen. Wenn Sie Positionsgrößen und Stoppmarken richtig festlegen, begrenzen Sie das Risiko Ihres Depots. Nur so werden Sie Drawdowns überstehen.

- Sie müssen wissen, was Sie tun.
  Auch wenn es lästig erscheint: Führen Sie ein Tradejournal. Nur wer seine Transaktionen im Nachhinein analysiert, schafft die Basis für andauernden Erfolg.

- Folgen Sie dem Trend!
  Glauben Sie nicht an Meinungen und Prognosen. Die Märkte verlaufen in Trends, und wer davon profitieren will, muss ihnen folgen. Und denken Sie immer daran, dass Korrekturen normal sind und selten einen Grund darstellen, aus einer Position auszusteigen. Existiert einmal kein Trend, sollten Sie auch keinen herbeiwünschen. Warten Sie einfach ab, Sie müssen nicht handeln.

- Halten Sie Ihre Kosten gering.
  Denken Sie immer daran, dass Gebühren vor allem bei kleinen Konten stark ins Gewicht fallen. Je weniger Sie handeln, desto besser ist es. Seien Sie sich auch darüber bewusst, dass sich viele Kosten in ungünstigen Kursen oder Ähnlichem verstecken. Wählen Sie Ihre Dienstleister daher mit Bedacht aus.

- Das Screening bestimmt Ihre Performance.
  Auch wenn ein Markt stark steigt oder fällt, viele Einzelwerte bewegen sich noch stärker und diese sollten Sie herausfinden. Denken Sie zudem daran, dass sich keine Aktie auf Dauer dem allgemeinen Umfeld entziehen kann. Achten Sie beim Screening also darauf, mit dem Trend zu gehen.

Ist Ihnen einer der genannten Aspekte unklar, sollten Sie das entsprechende Kapitel nochmals zu Rate ziehen. Vor allem was die Trenderkennung angeht, können Sie sich jeden Montag Hilfestellung auf meiner Website holen. Im Wochenüberblick erläutere ich die aktuelle Marktsituation bei DAX, NASDAQ sowie S&P und mache zum Beispiel deutlich, wie Trendlinien einzuzeichnen sind und ob es sich aktuell um eine Long- oder Short-Situation handelt. Aus meinen Coachings und Seminaren weiß ich, dass vor allem Einsteiger auf diese Weise Sicherheit erwerben können. Ist diese vorhanden, bieten Strategien und Handelsansätze aus »Kleines Konto groß traden« alle Voraussetzungen, um erfolgreich an der Börse zu agieren.

Das Live-Konto

Erwiesen hat sich dieser Zusammenhang vor allem im Verlauf des Live-Tradings, auch mit 5.000 Euro Startkapital lässt sich ein Depot mit relativ geringem Aufwand profitabel handeln. Dieses Ergebnis zeigt sich nach den viereinhalb Monaten Trading von Oktober 2015 bis Mitte Februar 2016 sehr deutlich. Insgesamt habe ich damit eine Performance von insgesamt 15 Prozent erzielt – inklusive Gebühren! Von den 13 getätigten Transaktionen lieferten nur drei rote Zahlen. Diese hohe Trefferquote ist vor allem den großen Zeiteinheiten geschuldet. Abgesehen von zwei Intraday-Transaktionen am 8. Februar basieren alle Handelsentscheidungen auf Tages- oder Stundencharts. Ich bin überzeugt davon, dass eine Intraday-Strategie deutlich mehr Verlusttrades produziert hätte. Doch sollte diese Trefferquote nicht zu euphorisch stimmen, im täglichen Handel dürfte sich diese Zahl eher bei circa 50 bis 60 Prozent einpendeln. Knapp die Hälfte der 13 Trades – genau 6 – waren short ausgerichtet. Und diese Aufteilung spiegelt ungefähr die

Börsenstimmung in den sechs Monaten wider. Der Markt zeigte sich sehr uneinheitlich und umfasste sowohl Aufwärts- wie auch Abwärtsphasen. Zur genauen Analyse möchte ich die Trades nochmals in einer Gesamtübersicht darstellen:

Nr.	Datum	Wert	Instrument	Long/ Short	Einstieg	Stopp-loss	Stück	Ausstieg	Gebühren	Ergebnis
1	01.10.2015	DAX	ETF	Long	85,46 €	100 €	25	96,24 / 93,99 €	12 €	235,00 €
2	01.10.2015	ADS	Aktie	Long	72,3 €	100 €	13	81,55 €	8 €	112,25 €
3	13.10.2015	SVXY	ETF	short	59,92 $	100 $	16	63,05 $	2 $	47,92 $
4	17.10.2015	AMZN	Aktie	Long	654,16 $	100 $	2	660,36 $	2 $	10,40 $
5	30.10.2015	SAP	Aktie	Long	71,89 €	100 €	14	74,24 €	8 €	24,90 €
6	01.12.2015	BRCM	Aktie	Long	55,1 $	100 $	20	56,87 $	2 $	33,00 $
7	06.01.2016	VXX	ETF	long	21,85 $	100 $	45	25,15 $	2 $	146,50 $
8	02.02.2016	AAPL	Aktie	short	95,65 $	23 $	20	96,82 $	2 $	-23,40 $
9	05.02.2016	TRIP	Aktie	short	58,39 $	35 $	20	51,78 / 54,51 $	3 $	71,90 $
10	08.02.2016	Dax	CFD	short	9278 €	30 €	1	9293 €	2 €	-17,00 €
11	08.02.2016	Dax	CFD	short	9247 €	30 €	1	9135 €	2 €	110,00 €
12	09.02.2016	SVXY	ETF	Long	33 $	50 $	50	34 $	2 $	48,00 $
13	11.02.2016	WDC	Aktie	short	39,46 $	50 $	25	41,24 $	2 $	-46,50 $

Tabelle 8: Übersicht der Trades

Zusammengefasst und alles in Euro umgerechnet, ergibt sich damit folgendes Ergebnis:

Kontostand am 01.10.2015: 5.000,00 €

Kontostand am 15.02.2016: 5.752,97 €

Realisierte Performance: 752,97 € oder 15 %

Damit hat das Live-Trading eindrucksvoll bewiesen, dass sich ein kleines Konto sehr schnell groß traden lässt. Wer die 15 Prozent hochrechnet, kommt auf circa 40 Prozent pro Jahr. Angesichts dieser Zahl sollten Sie sich nochmals die Tabelle aus der Einleitung vor Augen führen. Sie hat vorgerechnet, wie lange es dauert, um mit 5.000 Euro Startkapital und 40 Prozent Rendite pro Jahr finanziell unabhängig zu werden. Gerade einmal 10 Jahre! Sogar die Gebühren sind in der Tabelle bereits eingerechnet, lediglich die Steuern fehlen zum komplett realistischen

Bild. Diese habe ich absichtlich unterschlagen, schließlich verfügt jeder Einzelne über individuelle finanzielle Rahmenbedingungen. Doch ungeachtet Ihrer tatsächlichen Steuerbelastung, die Dauer bis zur finanziellen Unabhängigkeit wird vom Fiskus mitbestimmt. Trotzdem sollte das Ergebnis des Live-Tradings jedem Hoffnung machen, der von seinem Vermögen leben will.

Und noch einen Zusammenhang macht die Zusammenstellung deutlich: Vier oder fünf Trades im Monat reichen aus, um eine Rendite von 20, 30 oder mehr Prozent pro Jahr zu erzielen. Diese Erkenntnis kann vor allem dabei helfen, Sie zu disziplinieren. Ich weiß, wie schwer es vielen Tradern fällt, nichts zu tun. Doch die Performance des Live-Depots zeigt sehr deutlich, dass es überhaupt nicht schadet, zwei oder vier Wochen keinerlei Trades einzugehen. Ergeben sich keine eindeutigen Chancen, ist es sinnvoll, abzuwarten. Denn einen Punkt sollten Sie nie vergessen: Wenn Sie nicht handeln, können Sie auch keine Verluste machen! Wer in unklaren Phasen trotzdem agiert, wird die Gewinne aus anderen Transaktionen mit sehr großer Wahrscheinlichkeit dezimieren. Profis dagegen warten ab. Genau diese Fähigkeit unterscheidet meiner Meinung nach die erfahrenen Trader von den Anfängern. Wer schon lange dabei ist, hat deutlich weniger Probleme damit, schwierige Phasen auszusitzen. Er weiß genau, dass sich wieder gute Chancen zeigen werden, und er weiß, diese dann gezielt zu nutzen.

Den Gewinn aus dem Live-Konto habe ich für wohltätige Zwecke gespendet, und zwar für zwei unterschiedliche Projekte. Zum einen für Kinder in Afrika, die an der schweren bakteriellen Erkrankung Noma leiden, und zum anderen an ein Projekt zur Förderung blinder Kinder in Deutschland. Mehr Infos dazu im Social Trader Club (Facebook). Warum habe ich das gemacht? Ich unterstütze gerne Menschen, die sich selbst nicht helfen können.

Trader-Kompetenzen

Stefan Sillmann, John O'Donnell

Egal, ob professioneller Trader, Pokerspieler oder Sportler: Am Schluss gewinnt derjenige, der einerseits die eigenen Fehler minimiert und andererseits mehr gute und damit profitable Aktionen vollzieht. Besonders im Trading spielt das eine sehr wichtige Rolle, denn der Markt lässt sich nicht beeinflussen und schon gar nicht managen. Sie als Trader können nur sich selbst und die eigenen Kompetenzen optimieren.

Mit vielen praktischen Beispielen, Checklisten und Tradingfloor-Insights zeigen die Autoren auf, worauf professionelle Trader tatsächlich achten, wie deren Trading- Strategien aussehen und was sie erfolgreich macht.

272 Seiten | Hardcover | 34,99 € (D) | ISBN 978-3-95972-005-2

Das große GodmodeTrader-Handbuch 2

Harald Weygand, Rene Berteit

Die Toptrader von GodmodeTrader legen nach. Nach dem Erfolg von *Das große GodmodeTrader-Handbuch* erscheint nun der zweite Band der Godmode-Experten. Nachdem bereits Tausende Trader von ihren Strategien profitiert haben, greifen sie noch einmal in ihre Trickkiste und lassen den interessierten Leser an neuen Erkenntnissen aus ihrem Handelsalltag teilhaben. Sowohl Einsteiger als auch Fortgeschrittene werden aus diesem zweiten Handbuch einen praktischen Nutzen ziehen können.

Wichtige Themen sind Behavioral Finance, neue Trading-Strategien mit der Fibonacci-Methode und Tipps zum quantitativen Investieren sowie zum Screening mit Faktor-Investing. Ein weiterer Schwerpunkt wird diesmal neben dem klassischen Trading auch auf Investments gesetzt. Dazu analysieren die Autoren u. a. einträgliche (Value-)Investment- Strategien.

320 Seiten | Hardcover | 39,99 € (D) | ISBN 978-3-89879-997-3